덕수궁

궁궐로 떠나는 힐링여행

궁궐로 떠나는 힐링여행 : 덕수궁

글 · 그림   이향우
감   수   나각순
사   진   황은열, 허경희, 이향우

초판 1쇄 발행   2014년 11월 30일
초판 2쇄 발행   2018년 4월 30일
개정판 1쇄 발행   2023년 4월 5일

펴 낸 곳   인문산책
펴 낸 이   허경희

주   소   서울시 은평구 연서로3가길 15-15, 202호(역촌동)
전화번호   02-383-9790
팩스번호   02-383-9791
전자우편   inmunwalk@naver.com
출판등록   2009년 9월 1일 제2012-000024호

ⓒ 이향우, 2023

ISBN 978-89-98259-37-2 03910

인문여행시리즈 ⑩

궁궐로 떠나는 **힐링여행**

덕수궁

글·그림 **이향우** | 감수 **나각순**

인문산책

'대한제국 역사관'으로 새롭게 단장한 덕수궁

봄비가 촉촉이 내리던 어느 날, 여름의 신록이 눈이 시리게 푸르던 어느 날, 가을의 노란 은행잎과 단풍이 붉게 물든 어느 날, 그리고 첫눈이 살포시 내리던 어느 날, 덕수궁과 돌담길에 얽힌 추억을 누구나 한 번쯤 간직하고 있을 것입니다.

그러나 덕수궁은 우리들과 가깝고도 먼 궁궐로 아직도 많은 사람들에게 잘 알려지지 않은 궁궐이 아닌가 합니다. 세종대로를 따라 무수히 지나가는 사람들이나 추억의 돌담길을 거니는 연인들도 대한문이 덕수궁의 정문이라는 사실을 아는 사람이 얼마나 될까요.

궁궐하면 우선 경복궁을 가장 많이 떠올리는 것 같습니다. 조선왕조의 창건과 함께 정궁으로 사용되었던 상징성이 있기에 경복궁은 실제 궁으로 남아 있었던 시간보다 존재하지 않았던 기간이 더 길었음에도 그 위상은 어느 궁궐보다 으뜸의 자리에 있습니다. 덕수궁은 경복궁이나 다른 궁궐에 비해 비록 상징성이나 존재감은 작지만, 조선의 역사에서 마지막으로 지어진 궁궐로, 유일한 황제국인 대한제국의 정궁이었다는 사실은 쉽게 지나칠 수 없습니다. 대한제국기의 파란만장한 역사를 지니고 있음에도 덕수궁의 존재감을 거의 느끼지 못하고 있는 것처럼 덕수궁은 물리적으로 어느 궁궐보다도 가까이 있지만 우리의 인식 속에서는 그 존재가 희미한 궁궐이었습니다.

'궁궐로 떠나는 힐링여행' 경복궁, 창덕궁, 창경궁에 이어 이번에 출간되는 덕수궁 편에서는 다른 궁궐에 비해 자그마한 공간의 궁궐이지만, 조선 말 덕수궁만의 아픈 역사적 사실을 소개하고 대한제국의 역사적 의미를 새롭게 조명하여 그동안 폄하왜곡된 가치를 회복하는 뜻을 전하고 있습니다. 고궁의 문화알림이 역할을 자청한 궁궐지킴이 이향우 선생님이 각고면려의 긴 시간 동안 수집한 덕수궁의 역사뿐 아니라 손수 한폭 한폭 정성껏 그린 그림과 아름다운 사계절 사진도 함께 담겨 있습니다.

올해 10월에는 대한제국 이후 일제강점기를 거치면서 변형·훼손된 덕수궁 석조전이 2009년부터 시작된 복원의 대장정을 마치고 1910년 준공 당시의 모습으로 다시 태어났습니다. 석조전 건립 100여 년 만에 '대한제국 역사관'으로 다시 태어난 의미 있는 시점에 이런 소중한 책자가 집필·발간되어 덕수궁을 대내외로 새롭게 알리는 좋은 계기가 될 것이라고 생각합니다.

이향우 선생님의 우리 문화를 대하는 사랑이 가득한 이 귀중한 책 발간에 추천의 글을 쓰게 된 점을 진심으로 감사하게 생각합니다. 심혈을 기울인 이 책으로 많은 사람들이 덕수궁을 다시 생각하고 친근하게 찾고 싶은 궁궐로 기억되었으면 좋겠습니다. 궁궐을 통한 역사와 문화가 함께하는 힐링여행이 되시기를 바랍니다.

2014년 11월
덕수궁관리소장 박정상

정동길을 따라 덕수궁의 역사를 묻다

 노란 은행잎 눈부신 이 가을 날, 경복궁과 창덕궁, 그리고 창경궁으로 떠났던 세 번의 여행에 이어 네 번째 궁궐여행을 떠나려 합니다. 덕수궁과 가을이 아름다운 정동길로 여러분을 초대합니다. 덕수궁은 조선왕조의 다섯 궁궐 중 가장 늦은 시기에 지어진 궁궐입니다. 그리고 그 규모가 아주 작은 궁궐입니다. 현재 사적 제124호로 지정되어 있는 덕수궁은 그 넓이가 2만 평을 넘지 못합니다. 경복궁이나 창덕궁과 비교하지 않더라도, 조선왕조 내내 한 번도 법궁으로 쓰인 적이 없는 경희궁보다도 훨씬 작은 공간입니다. 적어도 지금 현재 우리 눈에 비치는 덕수궁의 위상은 그렇습니다.

 덕수궁의 정문 대한문은 서울시청 앞 광장과 붙어 있는 듯 가까이 있습니다. 2002년 한일 월드컵 축구 경기의 주최국으로서 대한민국 대표 팀을 응원하던 함성과 시청 앞 광장을 물들였던 붉은 물결을 덕수궁의 대한문이 아직도 기억하겠지요? 우리 한민족이 그렇게 신명나게 놀아본 기억은 대한민국이 수립된 이후, 아마도 그때가 처음이 아닌가 싶습니다. 그리고 서울광장이 조성 된 이후에 이곳은 아이들을 위한 가족 나들이를 겸해서도 가끔은 찾아오는 친근한 장소가 되었습니다. 경복궁 앞의 광화문광장이 새롭게 조성되고 그곳을 찾는 사람들도 많아졌지만, 여전히 둥글게 무리지어 놀 수 있는 서울광장의 매력은 강렬합니다. 이렇게 광장이 공동의 행위를 위하여 일체감을 느끼게 하는 마당이라면 덕수궁 담장을 따라 길게 이어지는 길은 개인적인 감성을 느끼게 하는 연장선입니다.

사람들은 덕수궁의 돌담장을 끼고 이어지는 둘레길을 정동길이라는 낭만적인 이름으로 부르고 있습니다. 네 그렇습니다. 정동길 하면 눈 내린 겨울날 공연히 이문세의 노래가사도 생각나고, 은행잎 노랗게 쌓인 가로수 아래를 걷거나 길가 벤치에 앉아 도심에서의 또 다른 여유를 느끼고는 합니다. 이런 도시의 낭만이 사실은 그들에게 그냥 궁궐 담장을 끼고 도는 아름다운 산책로의 의미일 뿐, 담장 너머 덕수궁의 역사와 연관 지어 생각하는 사람은 그리 많지 않습니다. 게다가 이 작은 규모의 덕수궁이라는 궁궐도 크게 볼거리가 많아 보이지도 않습니다. 대부분의 사람들이 아는 덕수궁은 정문인 대한문으로 들어가 석조전이 있는 곳까지만 휙 둘러보고 나온다면 덕수궁을 대충 다 둘러볼 수 있습니다.

사실 덕수궁은 그냥 한낮 잠깐의 산책을 즐길 수 있는 서울의 도심 한복판에 있는 궁답지 않은 궁궐입니다. 뭐 당신께서 누구와 약속을 정했는데 잠깐 자투리 시간이 난다거나, 또는 마침 길을 가다가 대한문 앞에서 펼쳐지는 수문장 교대식을 보고 그냥 부담 없이 덕수궁을 들어가 보고 싶어질 수도 있습니다. 다른 궁궐처럼 너무 넓어서 지레 각오를 단단히 할 필요도 없습니다. 당신이 한눈에 둘러볼 수 있는 짧은 동선이 덕수궁이 보여주는 전부입니다. 그런데 담장 안의 그 좁은 공간이 덕수궁의 전체라고 생각하면 뭔가 그 허전함을 메울 수가 없지요. 실은 덕수궁 담장 밖으로 경사진 언덕에는 정동길이 이어지고, 오래전에 정동은 그 자체가 덕수궁이었습니다.

우리는 늘 현대를 살면서 "바쁘다, 바쁘다" 하고 힘들어 하면서 비명을 지릅니다. 그 이유가 당신의 손에서 스마트폰을 잠시라도 놓을 수 없기에 더 바쁜지도 모르겠군요. 그렇다면 이제 여러분의 손에 들린 그 첨단 문명 기기의 소리를 무음으로 잠재우고, 100년 전 세상으로 들어가 그 당시의 사람들과 만나 느린 걸음으로 궁궐을 걸어보시겠어요? 제가 여러분께 권하는 치유는 궁궐의 담장 안에 있습니다. 집이란 우선 누가 어떤 마음으로 그 집을 설계하고 그 공간 속에서 즐겼는지 알아야 보이는 곳입니다. 그리고 그곳에 살았던 사람들과 만나 그들의 마음을 읽었을 때 비로소 우리 마음에도 궁궐이 다가오겠지요.

궁궐 대문을 들어서는 순간, 나보다 먼저 이 길을 걸었던 옛사람을 만나게 되고, 또 그들의 이야기에 귀 기울임으로써 잠시 바쁘고 힘들었던 일상을 잊어보시기 바랍니다. 영화관에서 100년 전의 시네마를 보는 듯한 정동으로 여러분과의 느릿한 여행을 떠나려 합니다. 이제 당신은 가을빛 뚝뚝 묻어나는 날, 눈 내리는 겨울날, 누군가와 함께 걷는 정동길을 사랑하게 될 것입니다. 다시 가로수 새잎 피어나는 봄날, 녹음 짙게 우거진 여름에도 당신은 덕수궁과 정동을 잊지 않겠지요.

늘 그랬던 것처럼 역사를 전공하지 않은 사람이 엮어나가는 우리 궁궐의 역사 이야기가 조금 염려가 되기도 했습니다. 그러나 꼭 투철한 역사관으로 무장해야만 궁궐을 즐길 수 있는 것은 아니라 생각합니다. 제가 처음 궁궐에 발을 딛는 순간 그 아름다움과 우리 전통문화의 매력에 빠져들었듯이, 당신께서도 저와 함께하는 동안 그곳에서 보내는 시간만큼의 의미를 찾으실 것으로 생각합니다. 그리고 우리 궁궐이 가진 전통과 아름다움을 한 걸음 한 걸음 가까이 다가가서 느끼고 즐기시기를 바랍니다. 저 또한 이번 여행에는 우리 문화 사랑에 대한 애정을 늘 대견해하셨던 돌아가신 부모님과 함께하려 합니다.

이번 덕수궁 이야기를 엮어내는 동안 여러분들이 도와주셨습니다. 자료 수집에서부터 여러 차례에 걸친 답사의 과정까지 우리궁궐지킴이 동료들의 도움이 없었다면 감히 엄두를 내지 못할 일이었습니다. 그리고 덕수궁관리소의 아낌없는 협조에 감사드립니다. 인문산책 허경희 대표님 감사합니다.

2014년 11월 양평 화양리에서
이향우

일러두기

1. 사진은 출판사와 저자가 함께 작업한 후 선별하여 수록했다.
2. 덕수궁 내부 사진 촬영은 덕숭궁관리소의 협조로 이루어졌다.
3. 옛날 사진 자료들은 국립고궁박물관, 서울대학교 규장각 한국학연구원, 서울역사박물관의 허가로 이루어졌다.
4. 참고문헌은 본문 뒤에 밝혀두었다.
5. 궁궐 지도는 궁궐 본래의 모습과 현재의 복원 상태를 고려하여 저자의 주관적인 생각을 바탕으로 그려졌다.
6. 덕수궁의 명칭은 해당 시기의 명칭을 그대로 사용하였다.
   1593. 10. 1 ~ 1611. 10. 10 : 정릉동 행궁(行宮)
   1611. 10. 11 ~ 1907. 8. 1 : 경운궁(慶運宮)
   1907. 8. 2 ~ 현재 : 덕수궁(德壽宮)

복원으로 제모습을 찾아가는 덕수궁

2014년 우리 궁궐의 매력에 빠져 있던 저는 경복궁과 창덕궁으로 떠났던 두 번의 여행에 이어 세 번째 덕수궁과 정동길 힐링여행을 출판했습니다. 그리고 궁궐 덕수궁과 가을이 아름다운 정동길로 여러분을 초대한 지 어느새 9년이 흘렀고, 여러분과 함께 걸었던 궁궐은 그동안 오랜 시간의 복원과 함께 많은 변화가 있었습니다. 제가 궁궐로 가는 힐링여행 그 첫 번째 길에 걸었던 광화문 월대가 복원공사 중이고, 세종로 광장에는 경복궁 궐외각사 관청 터가 발굴되고 그곳을 찾는 사람들도 많아졌습니다.

이제 덕수궁의 모습도 제가 처음 여러분에게 소개를 해드렸을 때와는 많이 달라진 모습을 보이고 있습니다.

덕수궁의 정문인 대한문은 현재 그토록 바라던 월대 복원공사가 한창이고, 고종 황제의 침전인 함녕전의 정문 광명문도 제자리에 세워졌습니다. 그리고 석조전 뒤편의 서양식 건축물 돈덕전은 이제 내부 마무리 단계에 들어가서 곧 우리에게 그 아름다운 자태를 보여줄 듯합니다.

또한 덕수궁 바깥 궁장을 따라 한 바퀴 돌 수 있는 덕수궁 돌담길과 1896년 당시 러시아공관에 파천했던 고종의 자립의지를 확인할 수 있는 '왕의 길'이 시민들이 즐겨 찾는 또 하나의 명소가 되었습니다. 덕수궁 담장 밖으로 경사진 언덕에는 정동길이 이어지고, 오래전부터 정동이 덕수궁의 일부였다는 역사성이 이 길에서 드러나고 있습니다.

9년 전 제가 덕수궁 이야기를 엮어낼 때 자료 수집과 현장에서의 답사까지 우리궁궐지킴이 동지들의 도움이 제게는 가장 큰 격려이며 힘이 되었습니다. 무엇보다 사람들이 덕수궁을 찾았을 때 대한제국 선포의 근원지인 환구단을 찾아가는 길의 도로 통행이 불편했던 상황이 사단법인 '한국의 재발견' 우리궁궐지킴이들이 서울시에 제보한 민원 요청으로, 2019년 삼일운동 100주년을 기념하는 의미와 함께 건널목이 개통되었던 성과가 있었습니다. 이렇게 많은 시민 자원봉사자들의 노력과 헌신으로 우리 문화에 숨결을 불어넣고 이어가는 선한 영향력이 더 많은 곳에까지 전파되기를 기대합니다. 그리고 우리의 한결같은 문화재사랑은 지금도 현재진행형입니다.

2023년 초봄 양평 화양리에서
이향우

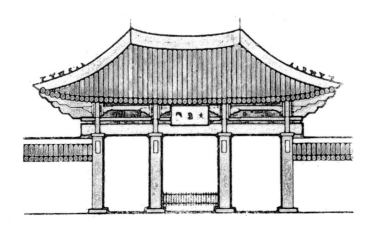

차례

환구단은 서울특별시 중구 소공동에 있는 대한제국 제천단으로 고종이 대한제국을 선포한 후 원단을 세우고 황제로서 하늘에 제를 올린 곳이다.

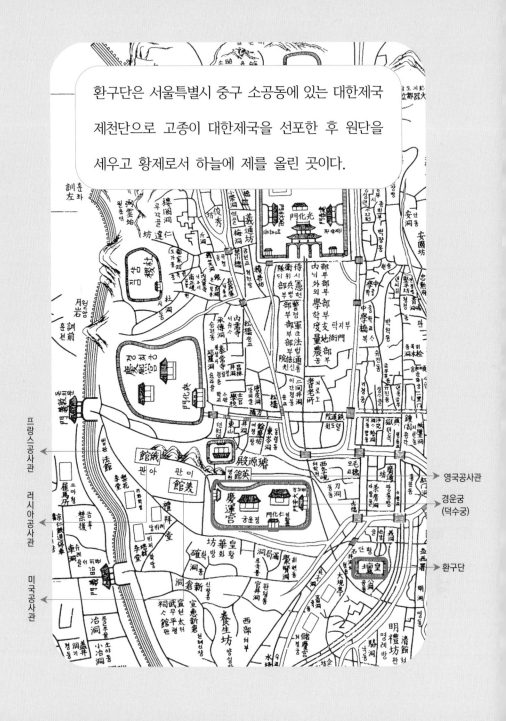

프랑스공사관

러시아공사관

미국공사관

영국공사관

경운궁
(덕수궁)

환구단

1

환구단
가는 길

대한제국, 그리고 경운궁

1895년 고종의 왕후 민씨가 경복궁 건청궁에서 일본인들에 의해 시해당하는 을미사변(乙未事變)이 일어났습니다. 생명의 위협을 느낀 고종은 세자를 데리고 이듬해 정동에 있는 러시아공사관으로 피신하였습니다. 네 명의 러시아 병사들이 호위를 했고, 러시아공사관 정문에는 공사 베베르(Waeber)와 이범진·이완용 등 친러파들이 고종과 세자의 가마를 맞이했습니다. 우리 역사에서 아관파천(俄館播遷)이라 부르는 사건입니다. 당시 조선의 정세는 외세의 격랑에 휩쓸려 국내외 사정이 몹시 불안하고 어수선하였습니다. 더구나 청일전쟁(1894~1895)으로 승기를 잡은 일본은 청나라에 배상금을 요구했고, 요동 반도와 대만까지 차지하고는 조선에 거침없이 내정간섭을 하였습니다.

1896년 2월 11일 새벽 러시아공사관으로 파천한 고종은 2월 16일 곧바로 경운궁(慶運宮: 덕수궁의 원래 이름)을 수리하라는 명령을 내렸습니다. 당시의 어려운 정치적 국면을 타파하기 위한 새로운 정국의 모색과 함께 국가의 위상을 높이기 위한 포석이 경운궁 중건에 있었습니다. 1890년대의 정동은 경운궁 주변에 러시아·영국·미국·독일·프랑스 등 각국 외교사절의 공관과 선교사들이 많이 모여 살던 외국인 거주지였습니다. 고종이 러시아공사관으로 몸을 옮긴 것은 당시 국제적인 역학관계로 볼 때 조선 정부를 강압적으로 압박해 오던 일본의 횡행을 가장 적절히 견제할 수 있는 정치적 선택이라고 볼 수 있습니다. 경운궁이 다시 왕이 임어(臨御)하는 궁궐로 한국 근대사에 등장하게 된 것입니다. 그리고 선조 때 임진왜란을 극복하고 나라를 지켜냈던 정릉동 행궁(貞陵洞 行宮)이 있던 자리에 경운궁을 중건한 것은 눈앞에 닥친 국난을 극복하고 새롭게 거듭나겠다는 강한 의지의 표명이었습니다.

아관파천 이후 고종은 구규를 근본으로 하고 신식을 참작한다는 '구본신참(舊本新參)'으로 민국을 건설하려고 했습니다. 이후 러시아의 영향력이 막강해지고 열강의 이권 각축 경향을 보였으나, 고종은 1897년 경운궁으로 환궁하여 환구단(圜丘壇: 원구단)을 지었습니다. 그리고 하늘에 고하는 제사를 지낸 후에 국호를 대한제국, 연호를 광무(光武)로 새로 정하고 황제로 즉위하였습니다.

1897년 고종은 환구단에서 즉위식을 치른 후 대한제국을 선포하였다.

● 고종 34년(1897) 10월 13일 2번째 기사

…짐이 누차 사양하다가 끝내 사양할 수 없어서 올해 9월 17일 백악산의 남쪽에서 천지(天地)에 고유제(告由祭)를 지내고 황제의 자리에 올랐다. 국호를 '대한(大韓)'으로 정하고 이 해를 광무(光武) 원년으로 삼으며, 종묘(宗廟)와 사직(社稷)의 신위판(神位版)을 태사(太社)와 태직(太稷)으로 고쳐 썼다. 왕후 민씨를 황후로 책봉하고 왕태자를 황태자로 책봉하였다. 이리하여 밝은 명을 높이 받들어 큰 의식을 비로소 거행하였다. 이에 역대의 고사(故事)를 상고하여 특별히 대사령(大赦令)을 행하노라….

시청 앞 서울광장에서

　덕수궁(德壽宮)은 대한민국의 근현대사를 아우르는 조선왕조의 마지막 궁궐입니다. 지금 덕수궁은 서울특별시 중구 세종대로 99번지(구 지명 정동 5번지)에 남아 있고, 약 2만여 평(63,069.2㎡/18,514.6평)의 터에 중화전(中和殿)을 비롯한 모든 전각(殿閣)들이 산재해 있습니다.

　이번 덕수궁으로 떠나는 여행에서는 조선왕조의 정릉동 행궁으로, 궁궐 경운궁으로 역사를 기록하기 시작했던, 덕수궁의 주변 영역을 함께 돌아보고자 합니다. 봄볕이 따사로운 날이나 가을 노란 은행잎이 눈부신 날, 정동길과 시청 앞 광장 건너편 환구단 터까지 느린 걸음으로 다가가 우리의 이야기를 시작하려 합니다. 느린 걸음으로 다가서는 여행을 권하는 이유는 저만치 보이는 덕수궁이나 환구단 터를 성큼 건너가 쓱 둘러보기에는 이 작은 궁궐이 지닌 이야기가 또한 만만치 않기 때문입니다. 우리는 이번 여행에서 대한제국의 황제를 만나게 될 것이고, 어린 덕혜옹주도 만나게 될 것입니다. 그리고 나라의 운명을 되돌리려 몸부림쳤던 용기와 그들을 둘러싼 음모와 외세의 힘에 의해 떠밀려갔던 슬픈 역사 또한 바라보게 되겠지요. 이렇게 덕수궁은 대한제국의 영광과 애환을 고스란히 간직한 궁궐입니다.

　우선 덕수궁 나들이에서 우리의 출발은 서울 지하철 1호선 시청역 6번 출구 쪽으로 나옵니다. 그리고 플라자 호텔을 오른편에 두고 서울 시청 앞 광장으로 건너가서 덕수궁의 정문인 대한문(大漢門)을 바라보고

서울시청 앞 서울광장

섭니다. 서울시청 앞 광장에 서서 덕수궁을 보고 섰을 때 비로소 궁으로 다가설 수 있는 시각적 거리를 확보할 수 있습니다. 뭐 덕수궁처럼 작은 규모의 궁궐을 멀리에서부터 다가가야 할 필요가 있겠는가 하고 생각할 수도 있습니다. 덕수궁이 경복궁이나 창덕궁처럼 궁의 규모가 크지 않은 것은 사실이지요. 네, 적어도 현시점에서는 말입니다. 그런데 '현시점에서는'이라고 단서를 붙이는 이유는 현재 우리가 덕수궁을 바라보고 서 있는 서울시청 앞 광장과 도로가 원래는 덕수궁 영역의 일부였다는 점을 지나쳐서는 안 되기 때문입니다.

　덕수궁의 본래 이름인 경운궁은 그 영역이 현 서울시청 앞 광장의 일부뿐만 아니라 미국대사관저가 있는 정동 일대를 아우를 만큼 꽤 넓었습니다. 더구나 덕수궁은 고종께서 대한제국으로 황제국을 선포하고 당시 근대사의 격랑 속에서 나라를 지키려 혼신의 힘을 기울였던 곳입니다. 또한 해방 이후 나라의 운명을 결정하는 국제회담이 열렸던 한국 근현대 역사의 현장입니다. 그러나 다른 궁궐들처럼 일제강점기를 거치면서 파괴로 인해 궁의 면모를 잃어버렸을 뿐 아니라 한국의 산업 발전기에 도로 확장으로 덕수궁의 규모는 점점 줄어들어 현재에 이르고 있습니다.

정릉동 행궁 이후 경운궁이 다시 역사의 전면에 등장하게 된 것은 고종이 1897년 황제로 즉위하고 대한제국을 선포하면서부터입니다. 고종은 경복궁에서 일본인들에게 왕후 민씨가 시해당하는 을미사변을 겪고 나서 1896년 아관파천을 단행했습니다. 이후 본격적으로 경운궁 중건에 들어가서 황제의 궁으로 경운궁을 변모시켰습니다. 그리고 이곳 경운궁에서 고종은 대한제국을 선포하고 황제로 즉위하였습니다.

그러나 대한제국 황궁으로서의 면모를 실감하기에는 도로에 너무 여유 없이 바투 서 있는 지금의 대한문에서 이미 덕수궁의 험난한 운명을 짐작하시는 분도 있겠습니다. 실은 대한문 양쪽의 궁장을 길게 펼칠 공간도 없이 덕수궁의 앞부분은 너무 복잡하고 소란스럽습니다. 덕수궁을 바라보고 서면 그나마 그 오른편에 이어지는 궁장은 지하철 출구에 가려져 있습니다. 우리는 대중교통 시설과 바싹 붙어 있는 궁의 인접성에서 교통이 편리한 덕수궁에 익숙하지만, 사람들이 꼭 교통이 편리한 궁궐이라서 덕수궁을 더 친근하게 찾는 것 같지는 않습니다. 오히려 왕조의 궁궐다운 근엄한 면모가 한풀 꺾인 듯한 느낌으로 안타까운 때도 있습니다. 더구나 각종 시민 시위대의 집회 시설물이 궁장을 가리고 있거나 그 시위를 진압하기 위해 덕수궁 앞 차도를 따라 길게 늘어선 전투경찰의 출동 차량을 볼 때는 마음 한 편이 착잡해지기도 합니다. 시간에 맞추어 펼쳐지는 대한문의 수문장 교대식이라도 볼라치면 경복궁에서 볼 수 있는 것처럼 여유로운 공간은커녕 관람을 위해 설 수 있는 위치도 여간 불편하고 협소한 게 아닙니다. 그러고 보니 덕수궁으로 여행을 떠나기에는 주차시설도 그리 여유롭지 않습니다.

그럼에도 불구하고 덕수궁의 본 모습을 제대로 보고 싶다는 생각이 드는 이유는 덕수궁이 오늘날까지 지켜내고 있는 궁 주변의 오롯한 분위기와 함께 우리 역사에서 단 한 번 등장하는 황궁의 이미지가 아직도 궁궐 여기저기에 남아 있기 때문입니다. 덕수궁을 사랑하는 사람들은 덕수궁의 의미를 우리나라 역사상 여러 차례 닥쳐왔던 국난 극복의 현장에서 그 험난하고 힘들었던 시기를 온몸으로 지탱하고 견뎌온 대견함 때문이라고 말합니다.

덕수궁은 전통 건축 양식의 궁궐 전각과 함께 서양식 건축물이 함께 있는 우리나라의 근현대사를 아우르는 역사성뿐 아니라 조선왕조의 영광과 애환이 동시에 서려 있는 곳입니다. 현재 덕수궁 내부에는 국립현대미술관 분관이 있고, 각종 문화 행사가 꾸준히 열리고 있어서 문화적인 취향이 있는 관람객은 역사적인 호기심이 아니더라도 친근하게 찾아올 수 있는 공간입니다. 이제 이렇게 아름답고도 아픈 역사 속에서도 그 의연함을 잃지 않고 우리 곁에 남아 있는 덕수궁으로 우리의 네 번째 궁궐 여행을 시작해볼까요.

환구단(원구단) 찾아가기

덕수궁에서 환구단(圜丘壇: 원구단)은 그리 멀지 않습니다. 환구단은 서울특별시 중구 소공동에 있는 대한제국 제천단으로, 덕수궁에서 볼 때 서울광장 건너편에 있습니다. 고종이 대한제국을 선포한 후 원단을 세우고 황제로서 하늘에 제를 올린 곳입니다.

서울시청 앞 광장에서 바라보면 뒤편의 웨스틴 조선호텔과 롯데호텔의 위용을 배경으로 기와지붕을 얹은 크지 않은 문이 하나 보입니다. 이제 서울광장을 가로질러 건널목을 건너면 철책으로 막아놓은 문과 마주하게 됩니다. 바로 환구단 정문입니다.

환구단 정문

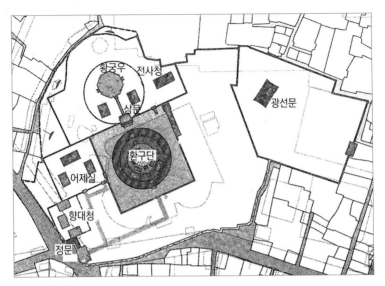

원래의 환구단 배치도

　이 문은 현재 제 위치에 세워져 있는 것이 아닙니다. 1897년 설치되었던 환구단은 일제강점기인 1913년에 헐려 그 자리에 총독부 철도호텔(현 웨스틴 조선호텔)이 들어섰습니다. 이후 환구단 정문은 우이동 그린파크 호텔 정문으로 옮겨지는 등 우리 역사의 아픔을 온몸으로 겪어야 했습니다. 문이 환구단 터로 돌아올 때도 원래 서 있던 자리에는 조선호텔이 자리 잡고 있어서 제 자리로 돌아오지 못하고 서울광장 건너편 길가에 세웠습니다. 왜냐하면 현재 환구단 자체는 없어지고 문화재청이 환구단이라 표시한 곳에는 황궁우만 남아 있기 때문입니다.

❖ 원구단인가, 환구단인가?

원구단(환구단)은 고종이 1897년 10월 황제 즉위와 대한제국의 출범을 알리는 고제(告祭)를 지냈던 둥근 단이다. 문화재청은 지난 2005년 서울 중구 소공동 사적 제157호 명칭을 '환구단(圜丘壇)'이라고 부른다고 공고했다. 그간 원구단(圜丘壇)과 환구단 사이에서 생긴 명칭의 혼란을 정리한 것으로 보이지만, 지금도 역사학계나 일반인들에게 사적 이름이 원구단인지 환구단인지에 대한 의견이 분분하다. 논란의 핵심은 원/환구단의 한자 표기인 '圜'을 '원'으로 읽을 것인지 아니면 '환'으로 읽을 것인지의 문제인데, 《고종실록》 원구단 관련 기사를 찾아보면 한글 표기 없이 한자로 '圜丘壇'으로만 쓰여 있기 때문이다. 문화재청이 환구단이라고 명명한 데는 1897년 10월 12일자 〈독립신문〉 논설을 근거로 내세웠다. 문화재청은 "당시 고종의 고제(告祭)를 보도한 독립신문을 보면 한글 '환구단'으로 표기돼 이에 맞게 부르는 것이 타당하다"고 설명하고 있다.

그러나 이 결정에 대해 우리문화재자료연구소 이순우 소장은 "〈독립신문〉 1897년 10월 5일자와 10월 7일자에는 '원구단'이라고 표기됐으며, 10월 12일자 기사의 표기를 근거로 환구단이라고 불러야 하는 절대적 근거나 기준이 될 수 없다"고 반박했다. 이 소장은 《강희자전康熙字典》에는 '圜丘'라는 뜻풀이가 포함된 구절이 인용됐다"며 "하늘에 제사를 지내는 곳이 원구단(圜丘壇)이고, 땅에 제사를 지내는 곳이 방구단(方丘壇)이었으며, '둥근 하늘'에 제사를 모셨기 때문에 '둥글다'라는 뜻을 가진 '원'을 사용하는 것이 맞다"고 강조했다.

전통적 천문관인 천원지방(天圓地方)의 원리를 염두에 둘 때 하늘에 제를 올리는 둥근 모양의 단은 둥글다는 의미의 '원' 자를 따르는 것이 옳다는 것이 학계의 일반적인 주장이다. 대다수 역사학자들이 〈독립신문〉을 근거로 환구단이라고 불러야 한다는 문화재청의 공고는 앞뒤가 맞지 않는다고 지적한다. 이들은 "해당 글자가 지니는 의미를 생각하고 다양한 사료를 모아 살펴본 뒤 이름을 정해야 한다"는 데 공통적 의견을 펼치고 있다. 따라서 문화재청의 공고에도 불구하고 역사학계 측에서는 소릿값의 뜻뿐 아니라, 1980년 문화재위원회가 원구단으로 이름을 정한 바 있기 때문에 환구단보다 원구단 쪽으로 무게를 두고 있다.

— 2010년 6월 29일 〈천지일보〉 기사에서

남별궁 터에 세워진 환구단

환구단 정문 앞을 지나 담장 오른편으로 난 좁은 계단을 오르면 바로 환구단 터가 나옵니다. 정문의 위치도 그렇고, 환구단을 찾아가는 동선도 참 어렵게 만들어 놓았습니다. 여길 꼭 찾아가야겠다고 결심한 경우가 아니라면 이리저리 헤매다가 중도에 그만 포기하게 되기 십상입니다. 환구단의 입지가 왜 그렇게 궁색하게 되었는지에 대해서는 힘들었던 우리의 역사를 다시 보는 듯하여 마음이 편치는 않습니다.

어쨌든 환구단 공원에 다다르면 제일 먼저 오른편의 석고(石鼓)가 보이고, 그 맞은편으로 3층 지붕의 황궁우(皇穹宇)가 보입니다. 그리고 황

황궁우와 석고

26

환구단에서 바라본 황궁우와 석고 (국립고궁박물관 소장)

궁우 맞은편의 조선호텔이 마치 황궁우를 내려다보듯 번듯하게 서 있습니다. 그 지리적인 정황을 현실적으로 설명하자면, 서울시 중구 소공동에 있는 조선호텔 1층 레스토랑 나인스 게이트 그릴(The Ninth Gate Grille) 뒤쪽의 정원에 있는 3층 팔각정이 황궁우입니다.

일제는 황제가 하늘에 제사 지내는 천단(天壇)을 허물고 그 자리에 호텔을 지어서 하늘과 땅의 신령들을 모시는 황궁우를 호텔 장식품으로 배치했습니다. 그리고 우리가 이곳에서 어떤 역사적인 의미를 기억해내려 하지 않는다면, 지금 이 아늑한 분위기의 작은 마당은 서울 시민들의 휴식 공간으로 도심에서 보기 드문 정말 아름다운 공원으로만 인식될 것입니다.

환구단의 자리는 조선 초기 태종의 둘째 딸 경정공주가 살았던 곳으로 작은 공주골 또는 소공주동(小公主洞)으로 불렸던 곳입니다. 이후 선조의 셋째 아들 의안군의 저택이 되면서 ✿남별궁(南別宮)이라고도 불렀습니다. 그러나 임진왜란으로 중국 사신이 머물렀던 태평관(太平館)이 소실되자 명나라 장수 이여송(李如松, 1549~1598)이 남별궁에 머무르게 되면서 이후 중국 사신을 위한 숙소나 연회장으로 바뀌었습니다. 이처럼 임진왜란 이후 남별궁은 조선과 중국의 역학관계를 축소해놓은 듯 중국의 영향력을 보여주는 곳이었습니다. 따라서 고종이 그 남별궁 자리에 환구단을 세운 것은 조선이 중국에 대한 사대를 공식적으로 종식시키고 대한제국을 출범시킨다는 의미로 ✿영은문(迎恩門) 철거와 맥을 같이합니다.

✿ 남별궁 : 남부(南部) 회현방(會賢坊) 소공주동에 있던 별궁을 지칭한다. 태종 때 둘째 공주인 경정공주의 남편 조대림에게 이 땅을 내려준 뒤부터 소공주제(小公主第), 소공주택(小公主宅) 등으로 부르다가 후에 국유로 환속되었다. 선조 16년(1583) 이곳에 크게 궁실(宮室)을 지어 의안군 이성(李珹)에게 내린 뒤로 소공주동궁(小公主洞宮), 남별궁 등으로 불렀다. 임진왜란 때 대부분 없어지고 이곳만 남았다. 왜장이 여기에 머물렀고, 그 뒤에 명나라 장수 이여송(李如松)·양호(楊鎬) 및 중국 사신 등이 머물렀으며, 인조 때 태평관을 철폐한 뒤로는 이곳을 중국 사신이 머무르는 관소(館所)로 삼았다.

영은문과 모화관

✿ 영은문 : 중국 명나라 사신을 맞이하는 모화관 앞에 세웠던 문. 청일전쟁 후인 1896년 모화관(慕華館)은 사대사상의 상징물이라 하여 독립관이라 고쳐 부르고, 영은문을 헐어버리고 그 자리에 독립문을 세웠다.

환구단과 조선호텔

환구단(圜丘壇)은 하늘에 제사를 드리는 곳으로, 하늘을 상징하여 제단의 형태를 둥근 모양으로 만들었기에 '원단(圜丘)'이라고도 합니다. 우리나라의 제천(祭天) 행사는 농경문화의 형성과 함께 천신신앙에서 출발하여 삼국시대부터는 국가적인 제천의례로 시행되었습니다. 고려시대에 행해지던 팔관회(八關會)는 신라의 팔관회를 이어받은 제천의식으로서, 만물에 존재하는 신령과 하늘에 제사를 지내는 행사였습니다. 또한 《고려사》에 따르면, 성종 2년(983) 정월에 원구제(圜丘祭)를 시행했습니다. 고려 성종 때부터 환구단을 만들어 하늘에 제사를 지낸

1900년대 초 환구단, 삼문, 황궁우 (국립고궁박물관)

원구제는 천원지방(天圓地方: 하늘은 둥글고 땅은 모가 났다)설에 따라 둥근 모양의 단에서 올리는 제천의례입니다.

조선시대에 와서 세조 2년(1456)에 일시적으로 제도화하여 1457년에 환구단을 설치하고 제사를 드리다가 중국의 천자만이 하늘에 제사할 수 있다는 명분론이 대두되어 1464년을 마지막으로 다시는 거행되지 않았습니다. 그리고 광해군 8년(1616) 원구제를 또 한 차례 거행하려고 했다는 기록이 보이지만, 그 자세한 전말은 알 수 없습니다.

국가 의례로서 제천의례가 다시 실시된 것은 대한제국 시기입니다. 1897년(광무 원년) 10월 12일 새벽 2시, 자주적인 근대화를 추진하기 위해 광무개혁을 실시한 고종은 문무백관을 거느리고 환구단에서 첫 제사를 지내고 황제(皇帝)에 즉위하여 국호(國號)를 '대한(大韓)'으로 고쳤습니다. 과거 조선의 왕들이 천자의 나라 중국에서만 하늘에 직접 제를 올릴 수 있다며 제천의식을 삼갔지만, 고종은 중국 사신을 맞이하던 남별궁 터에 환구단을 짓고 제를 지냄으로써 자주독립 의지를 대외적으로 천명했습니다. 이후 민족자존의 상징인 환구단에서는 1년에 두 차례 제천의식이 거행되었습니다. 천제(天祭)를 지내는 것은 황제의 권위를 나타내는 상징적 의례로서 황제 고유의 의무이자 특권이었습니다.

1897년 신축된 환구단은 1층 단이 144척(43.63m), 2층이 72척(21.82m), 3층이 36척(10.91m)이고, 단의 높이는 각각 3자로 총 9자(2.73m)입니다. 그리고 홍살문 4개가 동서남북에 각각 세워져 있었습니다. 그러나 조선총독부는 1913년 황궁우만 남겨둔 채 황제가 하늘에 제사를 지냈던 제단인 환구단을 헐어내고 1914년 그 자리에 ✿조선철도호텔을 지었고, 한일병탄 이후 제천의례는 중단되었습니다. 역사 속에 사라진 대한제국처럼 환구단도 역사의 뒤안길에 놓였습니다. 지금 남아 있는 것은 환구단 건설 후에 만들어진 황궁우, 그리고 환구단과 황궁우 사이에 있던 삼문이 그 자리를 지키고 있어서 본래의 흔적을 짐작해볼 수 있게 합니다. 또한 석고를 보관했던 석고각도 철거되어 현재는 황궁우의 남서쪽에 석고(돌북)를 세워두었습니다.

✿ 조선철도호텔 : 현존하는 가장 오래된 호텔로 1914년 조선총독부 산하 철도국이 서울 소공동에 건립하였다. 현재의 웨스틴 조선호텔로 독일 건축가 란트(G. de Lalande)의 설계로 약 1920㎡(580평) 건평에 지하 1층, 지상 4층으로 지어졌다. 52개의 객실과 한식당·양식당·커피숍·로비라운지·바·댄스홀·도서실을 갖췄고, 엘리베이터(일명 수직열차)·아이스크림·뷔페 식사·댄스파티·서구식 결혼식 등 신문화 도입이 이곳에서 이루어졌다. 해방 후 소유권은 교통부로 넘어갔다가 1970년 일제 때 구관을 20층 규모의 호텔로 바꾸었다. 1983년 민영화되었고, 1995년에는 삼성그룹에서 분리된 신세계가 웨스틴체인의 지분을 완전히 인수해 운영하고 있다.

환구단을 철거하고 들어선 조선호텔 (서울역사박물관 소장)

皇穹宇（朝鮮木テルノ後庭）

ANCIENT KOREAN PAVILION, CHOSEN HOTEL

CHOSEN

호텔 홍보에 황궁우를 담은 포스터 (서울역사박물관 소장)

고종 황제 즉위식

1897년 10월 3일 고종은 아홉 차례의 사양 끝에 신하들의 황제 즉위 요청을 수락하였습니다. 그리고 그 달 12일(음력 9월 17일) 고종은 황룡포를 입고 환구단(원구단)에서 역사적인 황제 즉위식을 거행하였습니다. 즉위식 광경은 서울의 백성들은 물론이고 당시 외국인들에게도 큰 구경거리였는데, 그날의 행사를 〈독립신문〉에서는 아주 상세하게 전하고 있습니다.

통천관을 쓰고 강사포를 입은 고종 황제
(국립중앙박물관)

● 〈독립신문〉 광무 원년(1897) 10월 14일 기사

광무 원년 십월 십이일은 조선 사기에 몇만 년을 지나더라도 제일 빛나고 영화로운 날이 될 지라. 조선이 몇천 년을 왕국으로 지내어 가끔 청국에 속하여 속국 대접을 받고 청국에 종이 되어 지낸 때가 많이 있더니 하느님이 도우사 조선을 자주독립국으로 만들어 이 달 십이일에 대군주 폐하께서 조선 사기 이후 처음으로 대황제 위에 나아가시고 그날부터는 조선이 다만 자주독립국뿐이 아니라 자주독립한 대황제국이 되었으니 나라가 이렇게 영광이 된 것을 어찌 조선 인민이 되어 하느님을 대하여 감격한 생각이 아니 나리요. 금월 십일일과 십이일에 행한 예식이 조선 고금 사기에 처음으로 빛나는 일인즉 우리 신문에 대개 긴요한 조목을 기재하여 몇 만 년 후라도 후생들이 이 경축하고 영광스러운 사적을 읽게 하노라.

10월 11일 낮의 고천제 준비 상황에 대한 묘사를 살펴보겠습니다.

● 십일일 오후 두 시 반 경운궁에서 시작하여 환구단까지 길가 좌우로 각 대대 군사들이 정제하게 섰으며 순검들도 몇백 명이 틈틈이 정제히 벌여 서서 황국의 위엄을 나타내며 좌우로 휘장을 쳐 잡인 왕래를 금하고 조선 옛적에 쓰던 의장등물을 고쳐 누른빛으로 새로 만들어 호위하게 하였으며, 시위대 군사들이 어가를 호위하고 지나는데 위엄이 장하고 총 끝에 꽂힌 창들이 석양에 빛나더라. 육군 장관들은 금수 놓은 모자들과 복장들을 입고 은빛 같은 군도들을 금줄로 허리에 찼으며 또 그중에 옛적 풍속으로 조선 군복을 입은 관원들도 더러 있으며, 금관 조복한 관인들도 많이 있더라.

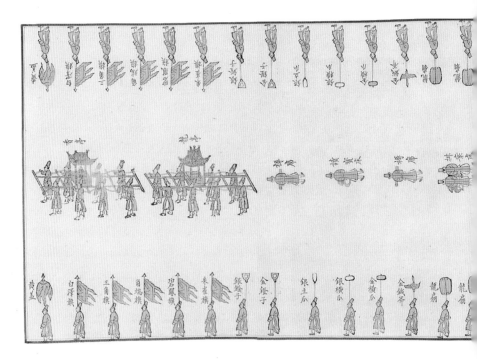

고종 황제 즉위식 (《고종대례의궤》, 서울대학교 규장각 한국학연구원 소장)

환구단의 황제 즉위식은 서양 신식 무기나 복장으로 서양식 의례를 혼용한 것으로 오해할 수 있으나, 전체 의례의 진행은 동양의 전통적인 양식, 그 가운데 명나라의 의례를 따른 것이었습니다.

● 어가 앞에는 대황제 폐하의 태극 국기가 먼저 가고 대황제 폐하께서는 황룡포에 면류관을 쓰시고 금으로 채색한 연을 타시고, 그 후에 황태자 전하께서도 홍룡포를 입으시고 면류관을 쓰시며 붉은 연을 타시고 지나시더라. 어가가 환구단에 이르자 제향에 쓸 각색 물건을 친히 감하신 후에 도로 오후 네 시쯤 하여 환어하셨다가…

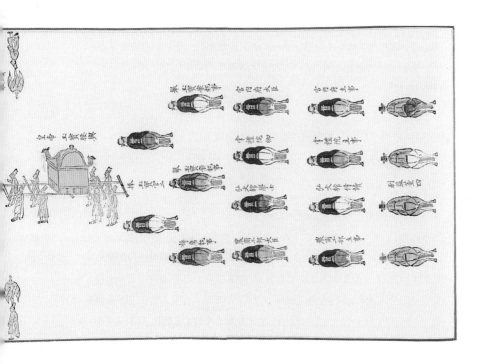

황제의 옥보를 나르는 요여(《고종대례의궤》, 서울대학교 규장각 한국학연구원 소장)

드디어 자정을 넘긴 12일 새벽, 고종 황제는 환구단으로 향합니다.

● … 십이일 오전 두 시에 다시 위의(威儀)를 베푸시고 황단에 임해서 하느님께 제사하시고, 황제위에 나아가심을 고하시고 오전 네 시 반에 환어하셨으며, 동일 정오 십이시에 만조백관이 예복을 갖추고 경운궁에 나아가 대황제 폐하께와 황태후 폐하께와 황태자 전하께와 황태비 전하께 크게 하례를 올리며 백관이 즐거워들 하더라.

십일일 밤에 장안 사사집과 각 전에서 색등들을 밝게 달아 장안 길들이 낮과 같이 밝으며 가을 달이 또한 밝은 빛을 검정 구름 틈으로 내려 비치더라. 집집마다 태극 국기를 높이 걸어 인민의 애국지심을 표하며 각 대대 병정들과 각처 순검들이 규칙 있고 예절 있게 파수하여 분란하고 비상한 일이 없이 하며 길에 다니는 사람들도 얼굴에 즐거운 빛이 나타나더라. 십이일 새벽에 공교히 비가 와서 의복들이 젖고 찬 기운이 성하였으나 국가에 경사로움을 즐거워하는 마음이 다 중한 고로 여간 젖은 옷과 추움을 생각지들 아니하고 정제하게 사람마다 당한 직무를 착실히들 하더라.

고종은 황제 자리에 올랐고, 왕후 민씨를 황후로, 왕태자를 황태자로 책봉하였습니다.

● 고종 34년(1897) 10월 12일 1번째 기사
천지에 고하는 제사를 지냈다. 왕태자가 배참(陪參)하였다. 예를 끝내자 의정부 의정 심순택이 백관을 거느리고 아뢰기를, "고유제(告由祭)를 지냈으니 황제의 자리에 오르소서" 하였다. 신하들의 부축을 받으며 단(壇)에 올라 금으로 장식한 의자에 앉았다. 심순택이 나아가 12장문의 곤면을 성상께 입혀드리고 씌워 드렸다. 이어 옥새를 올리니 상이 두세 번 사양하다가 마지못해 황제의 자리에 올랐다. 왕후 민씨를 황후로 책봉하고 왕태자를 황태자로 책봉하였다.

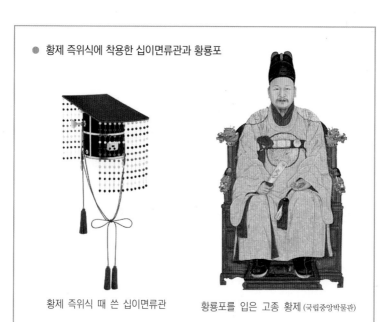

● 황제 즉위식에 착용한 십이면류관과 황룡포

황제 즉위식 때 쓴 십이면류관   황룡포를 입은 고종 황제 (국립중앙박물관)

황제의 옥보를 나르는 요여와 국새.
1897년 국호를 바꾼 대한제국은 중국 황제가 내린 국새를
버리고 대한제국과 황제를 상징하는 대한국새를 제작했다.
(《고종대례의궤》, 서울대학교 규장각 한국학연구원 소장)

황궁우 남서쪽에 자리 잡고 있는 석고(石鼓)는 1902년 고종 황제의 즉위 40주년을 기념하여 세운 돌북 모양의 조형물입니다. 돌북은 하늘에 제사를 드릴 때 사용하는 악기를 형상화한 것으로 모두 3개로 구성되어 있습니다. 석고의 몸통에는 용무늬가 조각되어 있고, 연잎좌에 받쳐서 세워져 있습니다. 용무늬 조각은 황제의 위용을 상징하는 오조룡(五爪龍)이 구름 속을 노니는 운룡(雲龍)인데, 용을 표현한 비례나 조각 기법이 매우 뛰어난 수작입니다. 더구나 석고를 받치고 있는 연잎좌는 물을 상징하므로 하늘을 날고 있는 운룡이 물의 기운을 얻어

돌북 모양의 석고

석고의 화려한 용무늬 조각

승천하는 의미로 해석할 수 있습니다.

원래 석고는 석고각 안에 설치되어 있었는데, 현재의 롯데백화점 본점 뒤편 주차장 자리에 위치했었던 것으로 보입니다. 하지만 일제강점기에 이 석고각은 해체되어 남산 북동쪽 신라호텔 자리에 있던 박문사(博文寺: 이토 히로부미에 의해 1932년 건립된 사찰)로 옮겨져 종루로 이용되었습니다. 그리고 석고각의 정문 광선문(光宣門) 역시 남산 북쪽 기슭의 일본 사찰 동본원사(東本願寺)로 옮겨져 정문으로 사용되었습니다.

옛 사진 자료에는 석고를 보관했던 석고각 안에 석고 세 개가 나란히 눕혀져 있는데, 이 사진을 근거로 원래 석고가 이렇게 눕혀져 있었던 것이 아닌가 하는 의견도 있으나, 석고를 받치고 있는 연잎좌의 조각으로 보아 지금처럼 세워서 설치하는 것이 맞다고 생각합니다. 오히려 그 옛 사진에 왜 석고를 눕혀 놓았는지는 알 수가 없는 상황입니다.

1939년 자료에 따르면, 석고의 원은 태극(太極)을 나타내고, 두께 2척은 양의(兩儀), 넓이 7척은 칠성(七星)을 나타냅니다. 그리고 3개의 석고는 천(天)·지(地)·인(人) 삼재(三才), 팔각단은 8괘, 석고단의 계단 9층은 9궁(宮), 사각 단은 일월성신(日月星辰)의 사상(四象), 넓이 33척은 33천(天), 높이 28척은 28수(宿: 별자리)를 상징한다고 합니다.

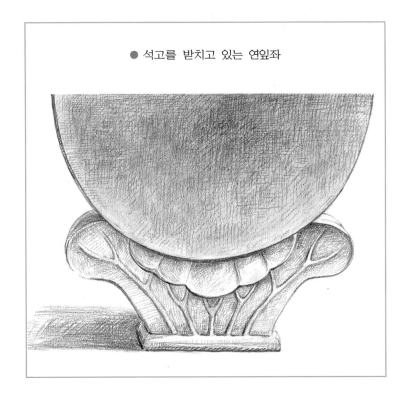

● 석고를 받치고 있는 연잎좌

환구단이 조성된 2년 후인 1899년에 태조 고황제의 신위(神位)를 모시기 위해 원단의 북쪽에 황궁우를 건립하였습니다. 황궁우는 화강암 기단 위에 세워진 3층의 팔각 정자입니다. 마주보는 조선호텔의 높은 키에 눌릴 듯도 한데, 황궁우는 참 당차게 그 자리에 서 있습니다. 오히려 황궁우의 단아함이 맞은편의 20층이나 되는 웨스틴 조선호텔의 현대적인 차가운 느낌을 부드럽게 눌러주는 힘이 있습니다.

황궁우와 조선호텔

황궁우는 동쪽과 서쪽, 남쪽 세 군데에만 계단을 두고 있습니다. 각 계단과 기단 위에는 하엽동자석이 받치고 있는 팔각의 돌란대를 두르고, 그 엄지기둥마다 서수(瑞獸: 상서로운 동물) 조각을 놓았습니다. 돌짐승의 조각 기법은 1902년에 건립한 고종 어극 40년 칭경기념비(高宗御極四十年稱慶紀念碑)의 조각과 같은 솜씨를 보이고 있습니다. 황궁우와 칭경기념비의 돌짐승과 경복궁이나 창덕궁 석수 조각과의 차이를 들자면 표정이 좀 더 부드럽고 묵묵해졌다는 것입니다.

● 황궁우 엄지기둥 위의 서수

황궁우 내부 천장의 쌍룡

　　밖에서 3층으로 보이는 황궁우의 건물 내부는 통층(通層)으로, 맨 위 3층 각 면에는 창을 내어 광창의 구실을 합니다. 황궁우 천장의 화려한 쌍룡 조각은 황제를 상징합니다. 황궁우 건물은 그 형태부터가 만만치 않은 꽤 정성들여 꾸민 흔적이 역력합니다. 또한 황궁우 각 방향의 창방에는 조선 전통 방식으로는 조금 낯선 그림이 단청으로 올려 있는데, 일본식 치장처럼 보이기는 하지만 마치 계절적인 변화를 주는 풍경화 같은 그림입니다.

● 황궁우 내부와 외부의 꾸밈

통층으로 된 황궁우 내부의 광창

풍경화로 표현한 단청

황궁우의 기단이 삼문의 가운데 홍예로 연결되어 있습니다.

현재 황궁우 남쪽에 서 있는 삼문(三門)은 원래 환구단과 황
궁우 사이에 있던 문입니다. 지금은 환구단이 있던 자리에 들어선 조
선호텔의 양식당 나인스 게이트 그릴 유리창을 통해 즐기는 정원의 구
성물처럼 보입니다. 개인 집에서 창을 통해 눈으로 즐길 수 있는 정원
을 둔다면 아마도 지금의 황궁우나 삼문처럼 배치를 하겠지요. 그리고
실은 황궁우를 지켜야 할 계단의 서수 조각들도 호텔에 오는 관광객들
에게 제 모습을 보여주고 구경거리가 되고 있습니다. 그러나 그들 역

삼문 계단의 서수 조각

시 호텔 쪽의 사람들을 매일 구경하고 있겠지요. 가끔 황궁우 답사를 할 때마다 내가 답사를 하는 건지, 아니면 사람들이 유리창 너머로 빤히 쳐다보는 가운데 남의 집 정원을 눈치 없이 이리저리 왔다 갔다 하는 건 아닌지 착각할 때도 있습니다. 그런 상황에서도 그 눈치 없는 답사를 감행해야 하는 이유는 삼문의 아름다움 때문입니다.

우리 전통 방식이 아닌 벽돌로 지어진 삼문은 독특한 매력과 함께 전통적인 차분함을 지닙니다. 또한 계단과 답도의 조각들도 눈을 감탄시키기에 충분합니다. 이 계단의 아래 지점에서 삼문의 가운데 홍예(虹霓·虹蜺: 무지개 모양으로 반쯤 둥글게 만든 문)로 들어오는 황궁우는 그 빼어난 자태를 자랑하고 있습니다. 통쾌하게도 이런 빼어난 시각은 호텔 안 레스토랑 나인스 게이트 그릴에서는 만들어지지 않습니다.

삼문의 홍예 사이로 바라본 황궁우

답도의 쌍룡과 삼문의 가운데 홍예로 들어온 황궁우

1906년 중건도감에서 음력 4월 12일로 길일을 택하여 대안문 수리를 시작하겠다고 보고하자 고종은 이를 허락하면서 그 이름을 '대한문'으로 고치라는 명을 내렸다.

2

대한문으로
들어가다

궁궐문의 수비를 재현한 덕수궁 수문장 교대식입니다.

대한문 앞에서

덕수궁은 조선왕조의 다른 궁궐에 비해 가장 번화한 서울 도심 한복판에 있습니다. 경복궁이나 창덕궁이 궁궐로의 인접성이 어느 정도의 거리를 확보하고 있고 창경궁도 도로에 바투 서 있기는 하지만 덕수궁처럼 그 앞길이 늘 붐비지는 않습니다.

덕수궁은 동쪽으로 서울시청 앞 광장 도보와 차도에 인접해 있는 대한문(大漢門)에서 시작됩니다. 문의 이름도 다른 궁궐의 정문이 경복궁

대한문을 지키는 수문장

의 광화문(光化門), 창덕궁의 돈화문(敦化門), 창경궁의 홍화문(弘化門), 경희궁의 흥화문(興化門) 등 가운데 '화(化)' 자를 두고 있는데, 덕수궁은 홀로 대한문입니다.

원래 고종이 1896년 경운궁을 중건할 때의 정문은 다른 궁궐처럼 남쪽에 있는 인화문(仁化門)이었습니다. 처음 인화문은 지금의 중화문 자리쯤에, 당시 경운궁의 정전인 옛 중화전(현 즉조당) 앞쪽에 남향으로 세워졌습니다. 고종이 러시아공사관에서 경운궁으로 환어할 때 이 문으로 들어왔습니다. 그러나 인화문의 앞면이 도로가 형성되기에는 문 앞쪽으로 민가가 많아 너무 협소하고, 1900년대 동문인 대안문(大安門) 앞으로 방사선의 새 도로가 확장되면서 자연스레 사람들이 대안문을 경운궁의 출입문으로 많이 사용하게 되었습니다. 궁궐 정문으로서의 그 기능을 상실한 인화문은 1902년 새 중화전을 지으면서 남쪽 궁장을 확장하는 과정에서 없어졌고, 그 후 그 자리에 건극문(建極門)이 세

1900년경 대안문의 월대 (서울역사박물관 소장)

위졌다가 없어졌습니다. 새 중화전을 건립할 때는 남쪽 공간의 확보를 위하여 독일영사관 부지를 매입하여 현 서울시청 별관으로 쓰고 있는 건물 정문 부근까지 궁장을 세웠습니다.

그러나 새 중화전을 세운 지 2년 후 1904년(광무 8) 4월 14일 경운궁에 큰 불이 나서 내전 일대의 건물이 모두 타버렸습니다. 고종은 즉시 중건도감을 설치하고 복원에 들어갔습니다. 1905년 말 거의 모든 건물들이 중건되어 1906년 1월에는 정전인 중화전(中和殿)에서 진하(陳賀)를 받았습니다. 그리고 그해 중건도감에서 음력 4월 12일로 길일을 택하여 대안문 수리를 시작하겠다고 보고하자 고종은 이를 허락하면서 그 이름을 대한문(大漢門)으로 고치라는 명을 내렸습니다.

그러나 경운궁의 정문이 된 대한문의 처지가 그렇게 평탄한 것은 아니었습니다. 원래 지금의 세종대로(2010년 태평로와 세종로를 합쳐 도로명 통

고종 황제 장례 행렬 당시 대한문의 월대가 훼철되었음을 볼 수 있다. (서울역사박물관 소장)

합) 한복판에 위치했던 대한문은 궁역의 축소 과정에서 자리를 옮겨야 했습니다. 1914년에는 숭례문에서 광화문 네거리로 일직선상의 도로가 뚫렸는데, 바로 ✿태평로입니다. 그 길이 지금의 서울광장에 걸쳐 있던 경운궁의 동쪽 담장을 치고 들어오자 동쪽의 궁장(宮牆: 궁궐을 둘러싼 성벽)은 안으로 후퇴할 수밖에 없었고, 대한문도 함께 물러나 앉게 되었습니다.

전통과 서양풍이 공존하는 덕수궁은 근대에 들어서면서도 수난을 당했습니다. 일제강점기 동안 부서지고 헐려 나간 것은 그들의 악의적인 소행이니 그렇다 치고, 그 후에는 우리 손으로 우리 역사를 무너뜨리는 무지를 드러낸 것입니다. 1961년 태평로가 확장되면서 궁 담장이 허물어지고 투시형 담장이 섰습니다. 1968년 또 한 번의 태평로 확장으로 궁장과 분리되어 도로 한가운데 있던 대한문은 2년 뒤 1970

1968년 도로 한복판에 나앉은 대한문

✿ 태평로 : 조선시대 중국 사신이 묵었던 태평관(太平館)이 있었다고 해서 따온 이름이다. 옛 태평관이 있던 곳은 오늘의 중구 남대문로 4가 대한상공회의소 자리다. 임진왜란 때 원군으로 왔던 명나라 장수 이여송이 남별궁(현재의 조선호텔)에 묵기 전까지 사신 숙소로 쓰였다. 조선 초기에는 왕이 직접 백관과 함께 지금의 서대문구 현저동 독립문 옆 모화관(慕華館)에 가서 사신을 맞이하고 나서 경복궁에서 황제의 칙서를 받고 태평관으로 자리를 옮겨 하마연(下馬宴)을 베풀었다고 한다. 중국 사신이 돌아갈 때는 태평관에서 전별연을 연 뒤 모화관까지 배웅했다.

년 서쪽으로 밀려 현재 위치로 옮겨졌습니다. 이제는 대한문 바로 앞 도보에 맨홀 뚜껑과 배수구가 맞닿아 있는 경사진 기단에 문지방도 없이 걸터앉은 형상이 되었습니다. 당시 서울시는 덕수궁 궁내에 스케이트장을 만들거나 음식점을 짓는 등 시민공원으로 꾸몄습니다. 이후 철장은 원래 방식대로 사고석 담장으로 바뀌었으나, 점점 잘려 나가고 자리를 지키지 못하고 물러서면서 대한제국 이래 갖추었던 황궁의 면모를 찾기가 어려워졌습니다.

원래 궁궐 정문의 출입은 문 앞에 놓인 월대를 밟고 들어가야 합니다. 하지만 대한문 월대 계단 양옆의 석수 조각도 한동안 기단의 경사면에 묻혀 있던 것을 겨우 꺼내서 월대도 없는 문 앞에 세워 놓은 모습이 궁궐의 정문으로는 몹시 옹색한 처지가 되었습니다. 현재 진행중인 대한문 월대 복원 공사가 끝나면 대한문의 위상도 한층 반듯해질 것으로 기대합니다. 이제 대한문 안으로 들어가 볼까요.

대한문 월대 복원 예상 조감도

금천교

　　대한문을 들어서서 중화전으로 향하는 쪽에 삼도로 구분된 돌다리, 금천교(禁川橋)가 있습니다. 모든 궁이 그러하듯 금천교 아래에는 명당수가 흐르고, '금천'이라 불리는 이 물길은 '임금이 계신 궁궐에 들어가기 전 건너는 물길에 마음과 몸을 깨끗이 한다'는 정화(淨化)의 의미가 담겼습니다. 그러나 덕수궁의 금천교는 그 밑으로 흐르는 물도 없고, 다리 아래는 양쪽이 막힌 웅덩이처럼 생긴 곳에 모래를 채워서 상판을 받치고 있는 홍예도 반쯤 묻혀 있는 형상입니다.

대한문 안쪽에서 바라본 금천교

반쯤 묻혀 있는 금천교 홍예

경복궁의 영제교나 창덕궁의 금천교는 그 다리의 난간 치장이나 엄지기둥의 석수 장식 등이 궁궐의 명당수 위에 설치한 금천교로 손색이 없는 데 비해 덕수궁 금천교는 다리 난간의 연잎 장식도 아주 간단하게 기본 형태만 유지하고, 또 아랫부분 두 개의 홍예가 마주하는 면에도 아무 장식이 없습니다. 설명하자면 그냥 간단하고, 경우로 따지자면 도통 정성이 없습니다. 그리고 다리 아래로는 물이 흐르지 않으니 물길이 어디에서 오는지 그 근원을 찾아보기도 어렵구요. 그러나 아래 물길이야 어찌 됐든 분명 대한문을 들어서면서 맞이하는 돌다리이니 다른 궁궐에 있는 것 같은 금천교이겠거니 하고 건너갑니다.

그런데 금천교 오른편으로 무슨 비석 같은 것이 세워져 있군요. 저런! 가까이 가서 그 표면에 새겨진 글씨의 흔적을 읽어보니 '대소인원개하마(大小人員皆下馬)'입니다. '신분의 고하를 막론하고 모든 사람들이 궁궐에 들어오기 전에 말에서 내리라'는 내용으로, 바로 궁궐 밖 정문 앞에 세우는 하마비(下馬碑)입니다.

그런데 이미 궁궐 문으로 들어온 시점에서 말에서 내리라는 하마비라니요? 경복궁의 하마비 역할을 하던 해태상이 광화문 궁장 옆에 바싹 붙어 있다고 흉을 봤는데, 덕수궁의 하마비는 아예 대문 안에 들여놓았군요.

도로가 확장되던 시기에 대한문은 점점 도로 뒤편으로 밀려들어가고 하마비도 원 위치에 있던 대한문의 앞쪽, 즉 현재의 서울광장 어디쯤엔가 방치되어 있다가 지금의 위치인 금천교 옆에 갖다 놓은 듯합니다. 그런데 현재는 이 상황을 뭐라고 지적하기도 어려운 것이 사실 대한문 앞쪽에는 하마비를

하마비

금천교 다리 난간의 연잎 장식

놓을 자리도 없는 실정입니다. 우스개로 시청 앞 지하철 출구에 하마
비를 세워놓고, '이제 당신이 탈것에서 내렸으니 덕수궁으로 걸어 들
어오시오' 하는 게 하마비의 역할을 찾아주는 것이겠으나, 그것도 좀
우스운 노릇이 되겠습니다. 아무튼 금천교도 그렇고 하마비의 위치까
지 대한문의 구차해진 현실을 다시 보는 듯 아쉬움이 많습니다. 그래
도 짐작했던 대로 덕수궁의 분위기는 참 좋습니다. 경복궁이나 창덕궁
처럼 많은 관람객으로 혼잡스럽지 않아서 우선 마음의 여유가 생기는
듯합니다.

대한제국으로 거듭나는 조선의 입장에서는 당시 복잡하게 얽혀 있는 열강의 틈바구니에서 '조선이 정상적인 세계질서 속에서 당당히 자리잡겠다'는 의지를 담아 '중화전'이라고 이름 지었다.

《경운궁 중건도감의궤》에 그려진 중층 중화전

3

중화전,
자립 의지의 상징

계절마다 수채화 같은 풍경을 전해주는 중화전 가는 길의 봄

중화전 가는 길의 풍경

　　금천교를 건너 양쪽의 벚나무 그늘 아래로 걸어갑니다. 봄 벚꽃이 필 무렵 이 길을 걷는 느낌은 햇살에 투영된 눈부신 꽃잎으로 마치 선경에 이른 듯 아름답습니다. 봄날의 아름다운 정경뿐만 아니라 여름날의 수려한 녹음, 가을 단풍, 그리고 눈 내린 중화전(中和殿) 가는 길의 풍경은 당신의 마음을 머물게 하는 환상적인 궁궐 산책로입니다. 그리고 비라도 내린 후라면 중화문(中和門)으로 이어지는 이 오롯한 길의 분위기는 붓 자국 선명한 수채화 같은 차분한 느낌을 줍니다.

중화전 가는 길의 가을

중화문 앞에 서서

　　이제 중화문에 당도하여 계단 답도 앞에 서봅니다. 다른 궁궐 같으면 법전으로 들어가는 문이 한 벌 더 있어야 하겠지만, 중화전 앞의 남쪽 영역이 궁장에 막혀 있습니다. 원래 남쪽으로 나 있던 경운궁의 정문 인화문(仁化門)이 오래전 폐쇄되고, 동쪽 대문인 대한문이 정문으로 쓰이고 있는 실정입니다. 그리고 중화문 양쪽으로 늘어서서 법전을 감싸 안아야 할 행각도 없어져버리고, 그 동남쪽 구석에 남은 행각 끄트머리는 원래의 구실을 짐작하기 어렵게 하고 있습니다.

중화문 동남쪽 구석에 남아 있는 중화전 행각

처음 지어졌을 당시의 2층 중화전 (국립고궁박물관 소장)

　중화문 앞에 서서 중화전을 보면 그리 높지 않은 두 단의 월대 위에
세워진 단층 건물입니다. 경복궁의 근정전이나 창덕궁의 인정전은 궁
궐의 법전답게 높은 월대 위에 중층 구조로 세워져 바라보는 사람으로
하여금 그 당당한 위용을 실감케 합니다. 그런데 중화전은 우선 그 둘
레를 에워싸는 행각도 없이 휑하니 뚫린 공간에 높지 않은 월대, 그리
고 단층 규모의 건물로 뭔가에 눌려 어깨를 펴지 못하고 움츠러든 듯
한 느낌입니다. 당시 중화전을 둘러싸고 널찍한 마당, 조정(朝廷)을 형
성했던 행각들은 고종 황제 승하 후 대부분 헐리고, 현재는 동남쪽 모
퉁이 부분만 남았습니다. 행각 없이 사방이 뻥 뚫려 시원하게 볼 수
있는 중화전의 마당 끄트머리에 겨우 한 올 흔적을 남기듯 중화전 행
각의 일부분이 그렇게 남아 있습니다.

중화전(中和殿)은 고종 황제가 경운궁에 재위하는 동안 법전
으로 사용했는데, 다른 궁궐의 법전에 붙이는 근정전이나 인정전과 같
은 '정(政)' 자를 쓰지 않고 '중화(中和)'라 했습니다. '중화'는 '한쪽으로
치우치지 않는 바른 성정'이라는 뜻으로 《중용》에서 유래했습니다.
'중(中)'이라는 것은 천하의 큰 근본이고 '화(和)'는 천하의 공통된 도(道)
입니다. 대한제국으로 거듭나는 조선의 입장에서는 당시 복잡하게 얽
혀 있는 열강의 틈바구니에서 '조선이 정상적인 세계질서 속에서 당당
히 자리 잡겠다'는 의지가 담겨 있는 이름입니다. 즉, 대한제국의 선포

중화전 현판

1904년 화재 후 중건된 단층 중화전과 행각으로 둘러싸인 중화문 (서울역사박물관 소장)

가 단순히 이웃 일본이나 중국과의 상호관계에만 염두를 둔 게 아니라, 새로운 세계정세의 질서에 당당히 편입하겠다는 큰 틀에서 구상된 국가의 자립 의지를 보여주고 있습니다.

경운궁을 중건하고 고종이 러시아 공사관에서 환궁한 1897년 무렵 경운궁의 정전은 즉조당(卽祚堂)이었는데, 1897년 10월 즉조당의 편액을 '태극전(太極殿)'이라고 새겨 걸도록 했다가 이듬해 2월에는 다시 중화전으로 고쳤습니다. 그리고 대한제국의 황제가 되면서 1902년(광무 6) 즉조당 앞에 새로 중층 건물을 지어 중화전이라 하고, 그동안 중화전으로 부르던 즉조당에는 이름을 돌려주었습니다. 황제의 자리에 맞게 번듯한 법전 중화전이 탄생한 것입니다. 어려운 세계정세 속에서 궁궐 법전의 이름을 몇 차례씩이나 바꿔가면서 나라의 정치적 변신을 구상했던 고종의 고심이 엿보이는 흔적입니다.

● 고종 39년(1902) 5월 12일 1번째 기사

조령을 내리기를, "이제 법전(法殿)을 지으면 전호(殿號)를 중화전(中和殿)이라 하고 이전 중화전은 도로 즉조당(卽阼堂)이라 부르라" 하였다.

그러나 중화전은 1904년 경운궁 화재로 소실된 후 1906년 단층 전각으로 중건되었습니다. 처음 다른 궁궐의 법전처럼 중층으로 지어져 그 위엄을 자랑했던 중화전은 이 대화재로 불탄 후, 중건할 당시의 어지러운 시국과 궁핍한 재정으로 인해 단층으로 축소된 채 건립되었습니다. 지금의 중화전이 보여주는 그 시기 나라의 현실이었습니다. 그럼에도 중화전은 고종이 '칭제건원(稱帝建元: 왕을 황제라 칭하고, 연호를 제정하자는 주장)'했던 대한제국의 법전으로 중요한 의미를 지닙니다.

중화전 서쪽으로, 동쪽과 비교해보면 월대와 바닥 높이의 차이가 크지 않다.

중화전을 둘러싼 행각이 사라진 중화전 뒤편의 전경입니다.

중화전 뒤편의 연둣빛 봄 풍경

중화전 월대 위에서 바라본 박석 깔린 마당과 중화문입니다.

박석의 아쉬움

중화전 조정(朝廷)에도 여느 궁궐의 정전처럼 박석이 깔려 있습니다. 박석이 깔린 중화전 조정에서는 왕의 즉위식, 신하들의 하례, 외국 사신의 접견 등 중요한 국가의식을 치렀습니다. 박석은 원래 돌의 결을 따라 얇게 떠낸 판돌로, 돌이 지닌 자연스러우면서도 거친 질감이 조정 마당 전체를 덮었을 때 보여주는 통일감이 일품입니다.

그런데 현재 중화전 월대를 제외한 조정을 덮은 박석은 기계로 지나치게 매끈하게 깎아내어 영 옛 맛을 찾아볼 수 없어 크게 아쉬움이 남습니다. 현대적인 장비의 도움으로 일제강점기에 훼손된 궁궐의 복원이 이루어지고 있지만, 그래도 궁궐의 장중함은 조선 석공의 손맛이 살아 있는 정으로 마무리를 했으면 하는 마음입니다.

우리가 국보 제1호 숭례문을 눈 깜짝할 사이 화마(火魔)로 잃고 나서는 기와 한 장 굽는 일, 나무 다듬는 일, 돌 다듬는 마무리 작업까지 옛 맛을 살리려고 애썼던 일은 복원 과정에서 당연히 있어야 했겠지만, 잘못된 단청으로 다시 한 번 가슴 철렁하는 안타까운 일이 생기고 보니 자연히 문화재 보존과 복구에 대해 반성하게 됩니다. 아무튼 제 입장에서는 궁궐 조각이나 석물의 경우 돌을 조각하는 사람의 심성은 물론이고 그 마무리 단계의 마지막 정질까지 정성을 다해 옛 석공의 손맛을 담아내야 한다고 생각합니다.

중화전 박석 위를 물들인 은행잎

금천의 물길이 흐르던 중화전 터

　이렇게 중화전 조정의 박석을 들여다보니 특이하게 보이는 박석 한 장이 눈에 띕니다. 동쪽에 설치된 정4품 품계석 옆에 놓인 박석에 구멍이 뚫려 있습니다. 박석에 왜 구멍이 뚫려 있을까요?

　조금 전 대한문에 들어서자마자 공간의 여유 없이 금천교가 설치되어 있는 이유는 대한문이 도로 확장으로 점점 안쪽으로 물러나게 되어 그렇다고 했습니다. 그리고 이 구멍 뚫린 박석 부근이 고종께서 러시아공사관에서 경운궁으로 환궁할 당시 금천의 위치로 짐작해볼 수 있

동쪽 정4품 문관 품계석 옆의 박석에 구멍이 뚫려 있다.

중화전 동쪽. 행각이 있었을 것으로 보이는 위치가 월대와 1.2미터 이상 차이가 난다.

습니다. 그 이유는 고종의 환궁 당시에는 중화전이 건립되지 않았고, 그 뒤편의 즉조당을 법전으로 사용했기에 즉조당 남쪽 앞으로 거리를 두고 금천이 흘렀던 것입니다. 그러다가 1902년 중화전이 건립되면서 금천은 복개되어 묻혀버렸지만, 물길은 아직 조정 정4품 박석 부근 아래 하수로 흘러나가고 있는 것입니다. 경운궁 첫 번째 금천의 물길은 정동 로터리 부근에서 발원한 정릉천이 경운궁의 금천으로 흘렀던 것입니다. 그 후 중화전을 새로 짓고 외삼문(外三門)인 조원문(朝元門)의 동쪽 아래로 물길이 흘러가게 했던 것이 지금의 금천교가 되겠지요. 그리고 이렇게 정리를 해보니 이제야 대한문 안의 갑갑한 금천교가 이해가 되는군요.

석어당 뒤편에서 바라본 중화전과 중화문

중화전 월대 계단 소맷돌의 석수 조각을 보면 확실히 시기적으로 차이가 나는 것을 확인할 수 있습니다. 경복궁 근정전의 석수가 조선 석공의 힘 있는 정 맛을 그대로 보여주는 작품이라면, 중화전의 석수는 약간은 뭉실한 부드러움을 보여줍니다. 이러한 부드러운 느낌의 조각적 특징은 창덕궁의 인정전 계단의 석수에서 조금 보이는데, 조선 말기의 중화전 돌조각에서 확연히 두드러지는, 표정이 풍부한 조각의 경향은 같은 시기에 조성된 환구단 석수 조각에서도 엿보입니다.

중화문 계단의 답도(踏道)와 중화전 월대 계단의 답도에는 황제를 상징하는 쌍룡이 새겨져 있습니다. 경복궁의 흥례문·근정문·근정전의 답도와 창덕궁의 인정전 답도에는 모두 봉황이 새겨져 있습니다. 중국에 사대하는 제후국의 위치에서 봉황으로 조선의 왕권을 상징했던 것입니다.

중화전 답도의 오조룡

● 중화전 월대 계단

중화전 상월대의 서수 조각

중화전 하월대 계단의 서수 조각

● 중화전 월대의 향로

황색 문창살과 드므

　이제 가까이 다가가 중화전이 대한제국의 황제궁으로서 다른 궁궐과 차별되는 품격을 높인 치장을 살펴볼까요. 경복궁의 근정전과 창경궁의 명정전의 문창살은 뇌록색(磊綠: 밝은 녹색)인데, 중화전 문창살은 황색으로 천원(天元)을 상징하는 황제의 색입니다. 순종 황제가 머물던 창덕궁 인정전의 창살도 황색입니다.

　중화전의 월대에는 황제국의 위상을 보여주는 확실한 장치가 하나 더 있군요. 바로 하월대의 동서 양쪽에 놓여 있는 커다란 무쇠 물동이 드므가 그것입니다. 그 크기로 보아서는 경복궁 근정전의 드므만큼이

황제국의 위상을 보여주는 중화전의 황색 창살

나 큰데, 아무래도 덕수궁의 드므가 조금 더 커 보입니다. 그 크기야
어떻든 월대에는 네 개의 드므가 있습니다. 그 중 앞쪽 동쪽과 서쪽
두 개의 드므 표면에 도드라지게 드러낸 길상문자를 읽어보실까요. 동
쪽에 놓인 드므에는 국(國)·태(泰)·평(平)·만(萬)·년(年) 다섯 자를 새
겼고, 서쪽 드므에는 희(囍)·성(聖)·수(壽)·만(萬)·세(歲)의 다섯 자를
새겼군요. 풀이하면 '나라가 태평하게 만년토록 이어지시라'는 뜻이고,
'성명(聖明)한 임금의 수명이 만세에 이르니 기뻐하다'라는 뜻입니다.
여기에서 눈여겨보아야 할 점은 우리가 황제국이 되었으므로 비로소
만세라는 단어를 사용할 수 있다는 것입니다. 요즈음이야 누구나 좋은
일이나 기쁨을 나타내는 감탄사로 "만세!" 하지만 마음대로 쓸 수 없었
던 시절도 있었습니다. 즉위식에서 산호(山呼: 신하들이 임금의 만수무강을

중화전 동쪽 드므

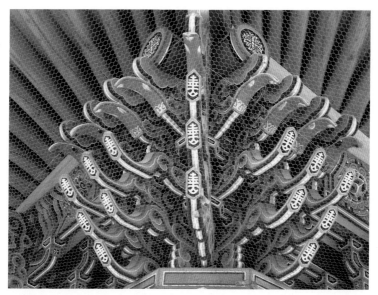

'수(壽)'를 그려넣은 중화전 단청

축원하여 두 손을 치켜들고 만세를 부르던 일)할 때도 중국의 황제는 '만세'이고 조선의 왕은 '천세'였습니다. 별것 다 구분했던 시절인데, 대한제국이 되면서 비로소 드므에도 만세를 새길 수 있었던 것입니다. 그래서 3·1 만세운동이라고 부르는 겁니다.

그런데 이렇게 얘기를 하다 보니 경복궁 강녕전 굴뚝의 길상문 꽃담 치장에 '천세만세(千世萬歲)'가 있었는데, 이것은 어떻게 해석을 해야 할까요? 그리고 근정전의 칠조룡은 아마도 황제 즉위 이후의 치장으로 보여집니다. 실은 뭐 예법이 엄격하던 시절에 기본적인 인식을 그렇게 했다는 것이지 아주 융통성이 없지는 않았던 모양입니다.

중화전 우물천장과 어좌 위의 닫집에 오조룡이 장식되어 있다. (사진 황은열)

중화전 내부를 들여다보면 천장 한복판 소란반자에 금색을 입힌 웅혼한 쌍룡이 날고 있습니다. 경복궁 근정전의 쌍룡이 칠조룡인데, 중화전의 용은 오조룡(五爪龍)입니다. 고종께서 황제의 위에 오르기 전에 지은 경복궁 근정전에 걸린 일곱 발톱의 칠조룡의 의미는 고종께서 대한제국을 선포하고 그 위상을 높인 것으로 추정할 수 있습니다. 그러나 화재 이후 중건한 새 중화전에는 용을 치장하면서 발톱을 왜 다섯 개만 달았는지 역시 의문이 돼버리고 말았습니다. 그리고 그 형태 비례로 보면 근정전의 황룡이 훨씬 날렵하게 잘생겼습니다.

중화전 우물천장 위 닫집의 오조룡 (사진 황은열)

중화전의 용은 먼저 보았던 돌조각에서처럼 두루뭉술한 비만형인데, 옛날에야 살집이 좀 있는 편이 훨씬 안정감 있고 위엄이 있다고 생각했는지도 모르겠습니다. 이건 어디까지나 조형적인 비례감으로 하는 이야기입니다. 이처럼 황궁으로서의 지위에 걸맞게 황제국의 위엄을 보여주는 중화전의 용은 제후의 궁궐로서 창덕궁·창경궁·경희궁의 답도와 법전 천장에 봉황을 치장한 것과는 그 격이 다릅니다. 그리고 중화전 내부 북쪽으로 닫집이 설치된 용상이 있고, 삼곡병(三曲屛)을 두른 어좌 뒤편에는 일월오봉병(日月五奉屛)이 둘러져 있습니다.

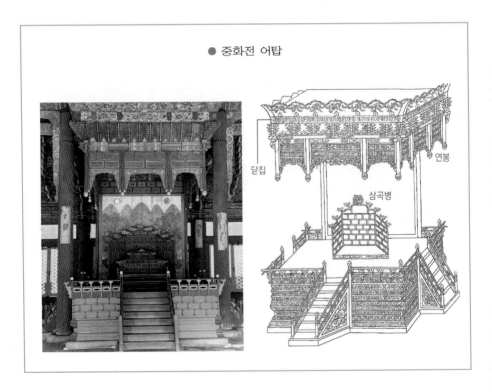

● 중화전 어탑

닫집

연봉

삼곡병

❖ 순종 즉위하다

1907년 일제는 고종 황제가 을사늑약(1905)의 무효를 세계만방에 알리기 위해 네덜란드 헤이그에서 열린 만국평화회의에 특사를 파견한 것을 빌미로 고종의 강제 퇴위를 요구했다. 이에 애초에 양위를 할 생각이 전혀 없었던 고종은 황태자에게 단지 대리청정을 지시하였으나, 일제의 압박에 의해 황위에서 물러나고 순종이 즉위를 하게 된다. 《고종실록》에는 7월 18일자 기사에 "황태자에게 나라와 군사의 큰 일을 대리하라고 명하다"라는 기사로 대리청정만을 언급하고 있으나, 같은 날 《순종실록》에는 "대리로 정사를 보았으며 이어 황제의 자리를 이어받다"라고 쓰고 있다.

일제는 《순종실록》을 1907년 7월 19일부터 기록하고 있어 실질적으로 고종을 퇴위시킨 것으로 간주하고 있다는 것을 알 수 있다. 《순종실록》이 일제강점기에 조선총독부의 관할 아래에 있었던 이왕직(李王職)의 주재로 편찬한 것으로 볼 때 일제가 철저한 계획 아래에 고종을 퇴위시키고 왕권을 무력화한 것으로 파악된다. 그리고 《순종실록》 다음 날 기사는 고종이 특명을 내려 헤이그에 파견했던 이상설, 이위종, 이준 등을 처벌하라는 조령을 내리고 있다. 이는 고종 퇴위 후에는 이미 일제가 황실의 주도권을 장악하고 순종을 허수아비로 만들었다는 증거이기도 하다. 이후 순종은 8월 27일 돈덕전에서 황제 즉위식을 가졌다.

● 순종 즉위년(1907) 7월 20일 3번째 기사
조령(詔令)을 내리기를, "이상설, 이위종, 이준의 무리들은 어떤 흉악한 성품을 부여받았으며 어떤 음모를 품고 있었기에 몰래 해외에 달려가 거짓으로 밀사(密使)라고 칭하고 방자하게 행동하여 사람들을 현혹시킴으로써 나라의 외교를 망치게 하였는가? 그들의 소행을 궁구(窮究)하면 중형에 합치되니 법부에서 법률대로 엄히 처결하라" 하였다.

● 순종 즉위년(1907) 8월 27일 1번째 기사
돈덕전(惇德殿)에 나아가 황제의 즉위식을 거행하였다. 정사 완평군 이승응, 부사 정2품 정한조를 보내어 순명비 민씨를 황후로 추후하여 책봉하고, 정사 완순군 이재완(李載完), 부사 홍문관 태학사 김학진을 보내어 왕비 윤씨를 황후로 올려 책봉하였다. 축하를 받고 대사령(大赦令)을 반포하고 조문(詔文)을 반포하였다.

상왕의 거처, 덕수궁

　　조선시대는 세습군주제로 선왕이 죽으면 그 적장자가 보위를 이어받는 것이 원칙이었습니다. 이는 살아 있는 왕 하나만을 인정하는 제도이지만, 조선 초에는 그 과도기적인 역사의 특성상 상왕이 여럿 있었습니다. 태조·정종·태종·단종이 상왕으로 존재했습니다. 조선 초 태종이 즉위했을 때는 아버지 태조와 형 정종이 상왕으로 물러나 있었고, 세종이 즉위했을 때는 정종과 태종이 상왕으로 있었습니다. 그리고 대한제국 말기에는 외세의 간섭에 의해 강제로 퇴위당한 고종이 순종에게 양위하고 상왕으로 물러났습니다.

　　궁궐이란 임금이 강력한 왕권을 주도적으로 행사하는 공간입니다. 따라서 상왕이 존재할 때는 그들의 거처가 문제가 될 수밖에 없고, 상왕을 위한 또 다른 공간이 필요했습니다. 건국 초에 개경과 한양에 태조를 위한 덕수궁(德壽宮)이 있었고, 또 하나는 조선왕조의 종국(終局)을 맞은 대한제국 말기에 있던 고종의 덕수궁입니다. 국초의 덕수궁은 개경에 건립되었습니다. 조선을 개국한 태조는 한양으로 천도를 하고 첫 번째 궁궐 경복궁을 지었습니다. 그러나 새 왕조 조선의 왕위를 두고 태조 7년(1398) 이방원이 신덕왕후 소생의 의안대군(1382~1398) 방석과 그를 세자로 세워 정국을 장악하려던 정도전을 살해함으로써 제1차 왕자의 난이 일어났습니다. 새 왕조를 신진 사대부들이 이끄는 이상적인 유교 국가로 만들고자 했던 정도전과 왕권을 강화하여 강력한 통치체제를 확립하고자 했던 정안대군 이방원과의 싸움이었습니다. 제1차 왕자의 난으로 왕위에 회의를 느낀 태조는 둘째 아들 방과에게 왕위를 물려주고 함흥으로 떠나 태상왕으로 나앉았습니다. 왕위를 물려받은 태조의 둘째 아들 방과가 바로 조선의 제2대 국왕 정종(재위 1398~1400)입니다.

정종은 즉위한 지 다섯 달 후인 태조 8년(1399) 2월 생모인 신의왕후 한씨의 제릉(齊陵)에 참배하러 갔다가 그대로 개경에 머물렀습니다. 이때 태조와 모든 왕실이 개경으로 되돌아간 것인데, 그 실질적인 이유는 아마도 조선왕조가 한양 천도에서 구세력으로부터 인심을 잃자 태조가 정종에게 양위를 하고, 정종은 민심의 수습책으로 개경으로 다시 돌아가 옛 수도에 머물게 된 것으로 보입니다. 그리고 이방원의 넷째 형인 회안대군(1364~1421) 방간이 정종 2년(1400) 1월 28일에 개경

중화전 용상의 계단 옆면 장식 (사진 황은열)

에서 제2차 왕자의 난을 일으켰습니다. 이방원은 난을 진압하고 왕위에 한 걸음 더 다가가게 되었습니다. 그해 2월 태조의 다섯째 아들 방원(태종)이 왕세자로 책봉되자, 실질적인 권력을 장악한 방원은 태상왕이 된 아버지를 위하여 덕수궁을 지었습니다. 조선왕조에 첫 번째 등장하는 궁 이름 덕수궁입니다.

● 정종 2년(1400) 6월 1일 1번째 기사
태상궁(太上宮)의 호(號)를 세워 '덕수궁(德壽宮)'이라 하고, 부(府)를 '승녕부(承寧府)'라 하였다.

그리고 방원은 왕세자에 책봉된 지 9개월 만에 정종의 양위를 받아 즉위하였고, 즉위한 후 11월에 다시 덕수궁을 찾았습니다. 태조는 덕수궁에서 태상왕으로 중국의 사신을 맞아 연회를 베풀기도 하였습니다. 덕수궁에 머물고 있던 태상왕은 태종에게 다시 한양으로 천도할 것을 종용하였으며, 태종 5년(1405) 11월에 드디어 재천도를 단행하였습니다. 그러나 아직 이궁(離宮)인 창덕궁의 공역이 끝나지 않아 조준(趙浚)의 집에 머무르다가 이궁 역사가 곧 끝나자 임어(臨御)하게 되는데, 창덕궁의 완비를 위한 공역(工役)과 함께 태상왕을 위한 덕수궁의 공역을 착수하였습니다. 태종이 부왕 태조를 위해 창덕궁 옆에 건립한 두 번째 덕수궁입니다.

한양에 세운 덕수궁의 위치는 창경궁 명정전의 남쪽 옛 시민당 자리였습니다. 당시 태종이 공역을 몹시 서둘렀던 듯 그 이듬해 1월에 태종이 덕수궁에 나아가 아버지께 문안하고 다음달 2월에는 덕수궁에서 아버지와 함께 지낸 실록 기사가 있습니다.

● 태종 6년(1406) 1월 9일 1번째 기사

임금이 친히 종묘에 관제(裸祭)를 지냈다. 백관을 거느리고 덕수궁에 나아가서 문안하고, 매화 1분(盆)을 올리고 태상왕에게 헌수(獻壽)하였다. 이것으로 인하여 즐기기를 다하였다.

● 태종 6년(1406) 2월 15일 1번째 기사

왕이 동교(東郊)에서 매사냥(放鷹)하는 것을 구경하고 천아(天鵝)와 기러기와 꿩을 잡아서, 덕수궁과 인덕궁(仁德宮)에 급히 바쳤다.

이때 인덕궁은 상왕 정종의 거처입니다. 덕수궁의 마무리 공사는 태종 6년(1406) 4월 28일에 끝을 보게 됩니다. 신축된 덕수궁에서 태조는 중국 사신을 맞이하는 등 말년을 보냈습니다. 그러나 태종 8년(1408) 5월 24일에 태조가 붕어한 뒤부터는 공궐(空闕)이 되었던 듯 실록에서 별다른 기록이 보이지 않고 있습니다.

이렇듯 장황하게 태상왕 태조를 위한 덕수궁의 내력을 살피는 이유는 유교 사회였던 조선시대에 효는 백 가지의 근본이라고 했고, 그 효의 증거가 덕수궁에 있기 때문입니다. 태종은 왕이 되는 수순에서 아버지 태조와 반목하게 되었으나, 자신의 입지를 확보한 후에는 아버지께 화해를 청하는 의미로 덕수궁을 지어 올려 아버지의 마음을 달래려 애를 씁니다. 아버지는 결국 그 아들의 효심을 받아들여 노여움을 풀고 즐거워합니다. 개경의 첫 번째 덕수궁이 정종 때에 지어지기는 했으나, 당시 왕세자로 지명 받은 태종에게 실질적인 권한이 있었으므로 태종의 의사로 아버지를 위해 덕수궁을 지은 것입니다. 그리고 한양으로 재천도한 후의 덕수궁은 매우 빠른 기간에 건립된 것으로 보이며,

부왕께 효도를 다하는 모습을 실록 기사를 통해 확인할 수 있습니다. 결과적으로 태종은 아버지를 위하여 두 번씩이나 덕수궁을 지어 자신의 불효를 씻고 효심을 보였습니다.

이후 태종 또한 1418년 세종에게 양위를 하고 상왕으로 물러나 앉으면서 창덕궁 옆에 수강궁(壽康宮)을 짓고 머물렀습니다. '수강(壽康)'이라는 명칭 역시 상왕께서 오래도록 사시기를 기원하는 의미의 이름입니다. 그리고 세조에게 선위를 했던 단종이 수강궁에 머물렀고, 세조 또한 승하 하루 전의 양위였지만 수강궁에서 임종(1468년 9월 7일에 예종에게 전위傳位하고, 9월 8일에 수강궁의 정전에서 승하)을 맞았습니다. 그리고 성종 때에는 태종의 처소였던 수강궁을 확장하여 창경궁으로 짓고 두 분의 대비를 모셨습니다. 이렇듯 조선 초기에 보이는 '덕수'와 '수강'이라는 궁호는 물러난 왕의 거처로 '상왕께서 오래도록 복록을 누리고 사시라'는 의미가 있는 이름입니다.

덕수궁은 이전까지의 명칭이 경운궁이었으나, 고종이 1907년(광무 11) 순종에게 양위하고 이 궁에 칩거하면서 덕수궁으로 불리게 된 것입니다. 이렇듯 '덕수'란 궁호는 궁궐의 고유명사이기보다는 왕위를 물려주고 상왕이나 태상왕으로 나앉은 왕을 위해 오래도록 '수(壽)'를 누리기를 기원하는 의미의 이름입니다.

바닥에 전돌이 깔린 중화전 내부 (사진 황은열)

석어당은 '임금이 머물렀던 집'이라는 뜻으로 임진왜란 이후 선조가 환도 후에 머물렀던 곳이다. 중층 건물로 단청을 하지 않은 소박한 백골집으로 전통 건축 양식으로 지어진 건물이다.

堂 御 昔

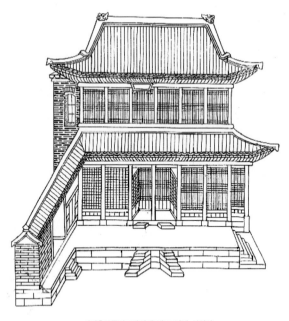

《경운궁중건도감의궤》에 그려진 석어당

4

석어당,
임금이 머물렀던 집

석어당의 여름

중화전 월대 뒤편으로 돌아가면 오른쪽으로부터 석어당(昔御堂), 즉조당(卽阼堂), 준명당(浚明堂)이 있습니다. 즉조당과 준명당 두 건물 앞으로는 넓은 잔디밭이 있고, 눈길을 끄는 괴석분 세 개가 널찍하게 놓여 있네요. 잔디밭은 원래 세 건물의 행각 담장이나 문 등 건물이 있던 터이겠고, 괴석을 그 빈터에 놓아 관람객들에게 보여주고 있습니다. 이 괴석들은 1984년에 창경궁에서 옮겨 온 것이라는데, 괴석을 담고 있는 석분의 각 면에는 모란이나 난을 조각해서 치장했습니다.

잔디밭의 괴석과 석어당 서쪽

모란·국화·창포 등 화려한 꽃 문양으로 치장한 괴석분

　우리 전통 조경에서는 괴석치레를 하늘의 경치를 빌리는 차경(借景)
의 의미로 꽤 중요하게 생각했으므로 괴석의 생김새뿐 아니라 석분의
조각 솜씨도 아주 뛰어납니다. 다른 궁궐에는 전각의 담장 안쪽이나
정자 앞 또는 대문 앞 등 괴석을 여러 군데서 볼 수 있는데, 이곳 덕수
궁에는 창경궁에서 가지고 온 이 세 개의 괴석 이외에는 보이지 않습
니다. 원래의 자리를 떠나온 것이기는 하지만 역시 궁궐 조경에 잘 어
울리는 품격 높은 괴석분들을 전각이 훼손되어 사라진 빈터에서 감상
해봅니다.

괴석과 여름 까치

이제 눈을 들어 나란히 있는 건물들을 살펴볼까요. 세 건물 중 동쪽의 2층 건물의 이름은 석어당(昔御堂)입니다. 석어당은 '임금이 머물렀던 집'이라는 뜻으로 임진왜란 이후 선조가 환도 후에 머물렀던 곳입니다.

　　석어당은 중층 건물로 단청을 하지 않은 소박한 백골집입니다. 전통 건축 양식으로 지어진 건물로 2층집은 상당히 드문 경우입니다. 창덕궁의 대조전 뒤편에 있는 경훈각(景薰閣)이 원래 2층집이었으나, 1917년 화재 이후 1층으로 복원되었습니다. 그리고 창덕궁 서편 궐내각사 영

석어당 2층에서 바라본 살구나무 (사진 황은열)

〈동궐도〉에 보이는 2층집 경훈각.
1층은 경훈각이라고 불렸고, 2층은 징광루라고 불렸다. 정면 9칸, 측면 4칸의 웅장한 건물로, 청기와 지붕을 올렸다.

역의 억석루(憶昔樓: '옛날을 생각하는 다락'이라는 뜻으로, 약을 발명한 신농씨를 생각하면서 병을 치료하는 약을 만들라는 뜻에서 지은 이름)는 다락집 같은 구조로 그 규모는 석어당에 비해 작은 편입니다.

석어당의 2층으로 올라가는 계단은 서쪽 끝 칸에 설치되었고, 2층은 칸막이 없이 넓은 공간으로 구성되어 사방에 창을 냈습니다. 석어당 2층에는 대들보 위의 종도리에 먹으로 그린 용 그림이 아직도 남아 있어 이 집이 그 옛날 임금께서 머물던 집이라는 그 의미를 말해주고 있습니다.

● 석어당 내부

종도리의 용 그림 (사진 황은열)

2층으로 올라가는 계단 (사진 황은열)

석어당 마루에서 바라본 가을

석어당 마당의 살구나무

무엇보다 석어당 마당은 2층 집의 키를 넘어서는 살구나무
가 계절마다 아름다운 풍경을 만들어내는 아주 매력적인 공간입니다.
잠시 석어당 마루에 걸터앉아 살구나무가 실어오는 바람을 느껴보시
기 바랍니다. 봄날 흰 꽃 피는 눈부신 그림과 함께 여름의 시원한 그
늘, 가을날의 황금빛 나뭇잎은 단청 올리지 않은 석어당의 오래 묵은
나뭇결과 어우러져 감탄을 자아내게 합니다. 석어당과 살구나무가 만
들어내는 그림은 날마다 다른 퍼포먼스를 펼쳐 보이는 듯하고, 또 그

석어당 마당의 살구나무

석어당의 바깥 현판

고종 어필 석어당 현판

공간 자체가 하나의 풍경화로 오랜 세월이 흐르는 동안 석어당 앞의 살구나무는 점점 더 우아한 자태를 뽐내고 있습니다. 만약 당신께서 저녁 무렵 이곳에 들렀다면 햇살에 비치는 투명한 나뭇잎의 눈부신 아름다움에 빠지고 말겠지요.

이렇듯 아름다운 석어당은 역대 제왕들에게도 매우 소중한 공간으로 여겨져서 의미 있는 역사적 기록을 찾아볼 수가 있습니다. 지금의 건물은 1904년의 화재로 중화전과 석어당 일대의 전각이 모두 탄 뒤 이듬해에 다시 지어졌습니다. 석어당 안쪽에 또 하나의 고종 어필 석어당 현판이 있는데 '광무구년을사칠월(光武九年乙巳七月)'이라고 쓰여 있습니다. 광무 9년 을사년은 석어당이 새로 지어진 1905년입니다.

궁궐 안 건물임에도 불구하고 단청을 하지 않아 가식이 없고 검소하며 소박하여 친근감을 줍니다. 한때 인목대비가 유폐되었던 곳이며, 역대 국왕들이 임진왜란 때의 어려웠던 일을 회상하며 선조대왕을 추모하던 곳이기도 합니다.

봄날 흰 꽃 눈부신 석어당의 살구나무입니다.

석어당이 살구꽃이 드리운 덕흥전

유현문 안쪽 꽃담 너머로 바라본 석어당의 설경입니다.

덕수궁의 뿌리, 정릉동 행궁

　지금의 석어당은 1904년 대화재 이후 중건된 것이기는 하지만, 즉조당과 더불어 ✿ 정릉동 행궁(貞陵洞行宮)과 관련이 있는 유서 깊은 유적입니다. 덕수궁의 뿌리는 정릉동 행궁에서 비롯되었습니다.

　현재의 덕수궁 터는 조선왕조 제9대 성종의 형이자 의경세자(세조의 맏아들로 추존왕 덕종)의 큰아들 월산대군(1454~1488) 이정의 사저(私邸)가 있었던 곳입니다. 원래 정릉동은 역사적으로 왕실과 연관된 입지 조건을 지니고 있었습니다. 조선 전반기에 경복궁을 축으로 하는 도시 구조로 볼 때 궁궐과 가까운 이 지역에 왕자들이나 귀족들은 계속해서 이곳에 집을 짓고 살았기 때문에 왕실 가족의 거주 구역이 되었던 것으로 보입니다.

　정릉동이 조선왕조 역사의 전면에 등장한 것은 임진왜란을 맞아 의주로 피난을 떠난 선조가 서울로 되돌아오는 때로부터 시작됩니다. 선조 25년(1592) 4월 14일 조선을 침략한 왜군은 부산성을 함락하고 파죽지세로 북상하였습니다. 4월 28일 충주에서의 패전 보고가 이르자

✿ 정릉동 행궁 : 정릉동은 조선 초 태조의 계비 신덕왕후의 정릉이 있던 지역에서 그 이름이 유래되었다. 선조가 임진왜란으로 의주까지 피난 갔다가 한양으로 돌아왔으나, 궁궐들이 소실되어 마땅히 머무를 곳이 없어서 성종의 형인 월산대군의 사저였던 곳을 1593년에 임시 행궁으로 사용하였다. 이후 광해군은 1608년 이곳에서 즉위하고, 3년 후인 1611년에 임시 행궁을 경운궁(慶運宮)이라 이름 지었다.

조정에서는 대신과 대간을 불러 입대(入對)케 하고 거빈(去邠), 즉 임금이 서울을 떠나는 문제를 의논하였습니다. 그리고 다음 날 광해군을 세자로 책봉하고, 30일 비가 쏟아지는 새벽에 창덕궁을 떠나 피난길에 올라 저녁에는 임진강 나루에 당도했습니다. 그리고 며칠 후, 5월 3일 왜군이 성 안으로 들어왔을 때 궁궐은 텅 비어 있었습니다. 경복궁과 창덕궁, 종묘뿐 아니라 왕실의 저택까지 대부분 왜군의 방화로 불탔습니다.

이렇게 급박한 상황에서 한양을 빠져나간 왕실과 조정은 계속 북쪽으로 밀려 평양을 거쳐 6월 22일에는 의주까지 몽진(蒙塵) 떠났다가 그 이듬해 10월 1일에야 한양으로 돌아왔습니다. 왜군들은 1년 남짓 한양을 마음껏 유린했고, 당시 정릉동 일대도 왜군의 진지가 되었습니다.

폐허가 된 한양으로 돌아온 선조는 월산대군의 후손 양천도정 이번(월산대군의 증손)이 살던 집에 몸을 의탁했습니다. 임진왜란으로 한양의 모든 궁궐이 불타 없어지자 월산대군의 사저를 ✿행궁(行宮)으로 삼아 선조의 임시 거처로 사용하게 된 것입니다.

● 선조 26년(1593) 10월 1일 1번째 기사
상이 경사(京師)로 돌아와서 정릉동에 있는 고(故) 월산대군의 집을 행궁으로 삼았다.

✿ 행궁 : 임금이 대궐을 나와 임시로 머무르는 궁궐을 말한다.
연희궁 · 남한산성 행궁 · 평양 행궁 · 화성 행궁 · 온양 행궁 등이 그 예이다.

● 선조 26년(1593) 10월 1일 2번째 기사

상이 아침에 벽제역을 출발하여 미륵원에서 주정하고 저녁에 정릉동의 행궁으로 들어갔다.

선조는 정릉동 월산대군의 집을 행궁으로 삼아 사용하였으나, 초기에 협소한 행궁을 넓히기 위해 계림군의 집을 행궁에 편입했습니다.

● 선조 26년(1593) 10월 3일 5번째 기사

이 집은 협착한데 계림군(월산대군의 손자로 성종의 차남인 계성군의 양자로 입적)의 집과 잇닿아 있으니, 이 궁 안으로 들어온 제사(諸司)는 차례대로 물러가서 거접케 하라.

이 기록으로 보아 계림군의 집도 행궁으로 편입되어 궁 안의 관서들을 들인 것으로 보입니다. 처음에는 양천도정의 집을 정전 내지 침전으로 쓰고 계림군의 집을 궐내각사로 썼으나, 이 집들은 그 규모가 협소하여 궁궐의 확장 과정에서 계림군의 집과 인접해 있던 한혜의 집과 심의겸(명종의 비 인순왕후의 동생), 심연원(명종대의 영의정)의 집도 행궁에 편입하였습니다. 그 당시 정릉동 행궁의 영역이나 건축 규모에 대해서는 정확히 알려진 바가 없습니다.

선조 40년(1607)에 행궁의 침전 서쪽에 별전(즉조당으로 추정)을 지었습니다. 전쟁 후의 어려운 국가 재정으로는 종묘와 궁궐의 중건이 순탄치 않았겠지요. 정릉동 행궁으로 돌아온 지 12년이 지난 1605년에야 겨우 궁궐 중건이 거론되었으나, 또 그 사이 지지부진한 궁궐 역사는 본격적으로 이루어지지 못하다가 1608년 광해군이 즉위하면서부터 창덕궁 영건이 시작되었습니다. 물론 처음 중건 대상으로 논의 되

석어당 살구나무 사이로 바라본 중화전

었던 궁궐은 당연히 경복궁이었으나 전쟁 후의 경제 상황으로 볼 때 인력과 건축 자재의 투입이 어렵게 되자 중건 규모를 줄이자는 공론이 조성되었습니다. 그리고 당시 경복궁은 불길하니 창덕궁을 중건해야 한다는 풍수가의 주장이 받아들여지면서 경복궁 중건을 포기하고 창덕궁을 중건하는 쪽으로 결론이 났습니다. 결국 선조는 종묘와 창덕궁의 완공을 보지 못하고 재위 41년 2월 초하룻날 행궁 침전에서 57세로 승하했습니다. 임진왜란으로 한양의 궁궐을 모두 잃고 의주에서 돌아와 14년 4개월을 정릉동 행궁에서 지낸 고단한 일생이었습니다.

선조가 승하하고 행궁의 서청(西廳)에서 즉위한 광해군(1575~1641)은 즉위 후 행궁의 규모를 넓히고, 창덕궁 중건을 서둘렀습니다.

❖ 광해, 왕이 되다

선조는 1567년 명종이 후사 없이 승하하자 16세의 어린 나이로 왕위에 올랐다. 중종의 서손인 선조의 즉위는 조선 왕실의 역사상 후궁에서 태어난 서자 출신의 혈통으로 즉위한 첫 사례였다. 아버지 덕흥대원군은 중종의 후궁 창빈 안씨가 낳은 아홉째 아들로, 자신이 조선 최초의 서자 출신 계보로 왕이 되었다는 것과 방계 승통이라는 점이 선조의 열등감이 되었다. 그런 까닭에 선조는 재위 내내 정통성에 대한 콤플렉스에 시달렸으며, 이는 결국 신하들과의 불화, 또 아들 광해군과의 불화로도 나타났다.

광해군 역시 1575년에 선조의 서자로 태어나 군에 봉해졌지만, 어려서 생모 공빈 김씨를 여의고 부왕의 냉대 속에 자랐다. 당시 선조는 정비 의인왕후가 자식을 낳지 못하자 어쩔 수 없이 후궁 소생의 서자 중에서 왕세자를 선택해야 했는데, 이는 자신의 방계 승통에 대한 열등감과 함께 다음 왕위도 서출로 잇게 되는 심리적 부담으로 작용했다. 또한 자질로 따지자면 장남인 임해군이 포악하고 인망이 없어 광해군이 세자로 유력했지만, 선조는 자신이 총애하는 후궁 인빈 김씨 소생의 신성군을 마음에 두고 있었다. 선조는 무엇보다 광해군이 적자가 아닌 것에 대한 부담감으로 왕세자 책봉을 계속 미루다가 임진왜란이 일어나자 결국 광해군을 세자로 세울 수밖에 없었다. 선조의 의중과는 상관없이 당시 전쟁으로 급박해진 나라 사정은 광해군으로 하여금 분조(分朝: 군국의 기무를 동궁에게 맡기는 일)의 역할을 맡겨야만 했다. 그리고 광해군은 왜란으로 나라가 위급해진 때에 전국을 돌면서 흩어진 민심을 추스르고 와해된 정부의 기능을 수습하는 데 탁월한 공을 세웠다.

전쟁이 끝난 후 선조 33년 의인왕후(1555~1600) 박씨가 정릉동 행궁에서 승하하자 선조는 인목왕후(1584~1632) 김씨를 계비로 맞아들였다. 인목왕후가 혼인을 할 당시 나이가 19세였고, 광해는 이미 서른 가까운 28세였다. 그리고 드디어 선조가 바라던 정실 왕비의 소생으로 정명공주와 영창대군이 정릉동 행궁에서 태어났다. 전쟁의 급박한 상황에서 후궁 소생의 광해군을 세자로 세웠던 선조는 차츰 자신의 적장자(嫡長子)인 영창대군을 정통 왕위 계승권자로 삼고 싶어 했다. 일종의 콤플렉스로 평생 그에게 부담이 되었던 왕위 계승의 정통성 문제에서 선조는 그의 후계를 영창대군으로 잇게 하여 그 정통성을 되살리려 했던 것으로 볼 수 있다. 그러나 선조는 자신의 뜻을 이루지 못하고 영창대군이 세 살이 되던 해에 승하하고 말았다. 1608년 음력 2월 2일, 광해군은 34세의 나이로 정릉동 행궁 서청에서 왕위에 올랐다.

경운궁이라 이름 짓다

창덕궁이 완공된 후에도 행궁에 머물러 있던 광해군은 1611년 10월 창덕궁으로 이어하면서 정릉동 행궁으로 불리던 이곳에 '나라 운을 기린다'라는 뜻으로 '경운(慶運)'이라는 이름을 붙였습니다. 드디어 정릉동 행궁은 '경운궁(慶運宮)'이라는 정식 궁궐의 이름을 얻게 되었습니다. 덕수궁의 본래 이름이 경운궁입니다. 선조가 몽진에서 돌아와서 정릉동 행궁에 시어소를 펼친 지 18년 만의 일이었습니다. 《광해군일기》 1611년(광해군 3) 10월 11일 기사에는 이때의 일을 이렇게 적고 있습니다.

● 정릉동 행궁 이름을 고쳤다. (홍경궁興慶宮으로 하려고 했는데, 정원政院에 전교하기를, '이것은 전대前代의 궁호宮號이니 적절하지 않은 것 같다. 합당한 궁호를 여러 개 써서 아뢰라' 하였다. 드디어 고쳐서) 경운궁(慶運宮)이라고 했다.

아관파천 후 고종이 경운궁으로 환궁한 후
임시 정전 즉조당에 걸었던 경운궁 현판

그러나 왕은 창덕궁으로 옮긴 그해 11월 다시 대비전을 먼저 경운궁으로 옮기고, 왕 자신도 12월에 경운궁으로 돌아와 머물렀습니다. 이러한 광해군의 창덕궁을 기피하는 상황은 오랫동안 계속되었습니다. 왕이 창덕궁으로 이어하는 일을 차일피일 미루는 기사도 《광해군일기》에 빈번히 등장합니다. 이로 짐작하건대 광해군 또한 부왕 선조처럼 왕위 정통성에 대한 콤플렉스에서 비롯된 불안에 사로잡혔을 테고, 그와 함께 술사들의 풍수지리적인 해석도 작용했으리라 봅니다.

창덕궁을 짓고도 3년이 넘는 기간 동안 경운궁에 머물렀던 광해군은 1615년 4월에야 창덕궁으로 이어하였습니다. 이로써 창덕궁은 임진왜란 이후 조선왕조의 법궁이 되고, 경운궁은 별궁으로 남게 되었습니다.

● 광해 5년(1613) 1월 1일 3번째 기사

예조가 계청하기를, "3월 12일에 창덕궁으로 거처를 옮기소서" 하니, 왕이 답하기를, "법궁(法宮)에 영원히 옮기는데 좋은 날을 잘 가리지 않을 수 없다. 각전(各殿)과 모두 날짜를 협의하여 다시 별도로 택일하여 아뢰라" 하였다.

【왕이 일찍이 지관(地官) 이의신에게 몰래 묻기를 "창덕궁은 큰일을 두 번 겪었으니 내 거처하고 싶지 않다" 하였는데, 이는 노산(魯山)과 연산(燕山)이 폐치되었던 일을 가리키는 것이다. 의신이 답하기를 "이는 고금의 제왕가(帝王家)에서 피할 수 없었던 변고입니다. 궁전의 길흉에 달린 것이 아니라 오로지 도성의 기운이 빠졌기 때문입니다. 빨리 옮기시는 것이 좋습니다" 하였다. 왕이 이로 말미암아 창덕궁에 거처하지 않았는데, 군신들이 거처를 옮기기를 여러 차례 청하였으나 왕이 따르지 않았다. 그후 행궁에 변괴가 나타나자 비로소 창덕궁에 거처하면서 더욱 꽃과 돌 같은 물건으로 꾸몄지만, 오래 있을 뜻이 없었다. 이에 창경궁을 짓도록 재촉하고는 궁이 완성되자 또 거처하지 않고, 드디어 두 채의 새 궁을 짓도록 하였다. 완성시킨 후에 거처하려고 하였기 때문에 경덕궁(慶德宮: 경희궁)을 먼저 완성하였는데, 인경궁(仁慶宮)이 채 완성되지 않고 왕이 폐위되었으니, 모두가 의신이 유도한 것이다.】

인목대비, 서궁에 유폐되다

석어당은 역사적으로는 광해군과 인목대비의 악연이 겹치는 곳입니다. 우여곡절 끝에 즉위한 광해군은 자신의 왕권에 걸림돌이 되는 사람들을 제거하기 시작합니다. 자신의 친형 임해군과 이복동생 영창대군에게 역모의 누명을 씌워 살해하였습니다. 왜냐하면 광해군 역시 선조의 후궁인 공빈 김씨의 둘째 아들로, 그도 아버지 선조처럼 자신의 왕위 정통성에 열등감을 가지고 있었으니까요. 그리고 그 열등감의 대상은 바로 인목대비가 낳은 선조의 적자(嫡子) 영창대군이었습니다.

당시 광해군의 왕위 정통성을 둘러싸고 격심해진 당쟁은 결국 광해군 5년(1613) ✿계축옥사를 일으켜 선조의 적자인 어린 영창대군을 죽이고, 광해군 10년(1618) 1월 인목대비를 경운궁에 유폐시킨 뒤 대비의 칭호를 폐지하였습니다. 이 사건으로 정국은 들끓었고, 사림(士林)의

✿ 계축옥사 : 1613년 대북파가 광해군의 왕위 계승을 위해 영창대군과 반대파를 처형한 옥사를 말한다. 이 사건을 계기로 인목대비가 폐위되어 서궁에 유폐된 이후 대비와 나인들이 박해당하는 비극적인 삶과 인조반정으로 복위될 때까지의 정경이 《계축일기》에 기록되어 있다. 순한글로 쓰여진 《계축일기》는 인목대비를 모시던 나인이 쓴 것으로 추정된다. 글의 내용은 피해자인 인목대비와 나인들의 관점에서 역사적인 사실을 감정적으로 과장하고 왜곡하여 광해를 패륜을 저지른 악인으로, 인목대비를 희생자로 부각시키고 있다. 광해군의 실책을 과장되게 표현하고, 이후 인조반정의 정당성을 설명하고 있는 것으로 보아 인조반정이 일어난 시기에 쓰인 것으로 추정된다. 《한중록》, 《인현왕후전》과 함께 조선시대 3대 궁중 소설의 하나로 꼽는다.

반발과 함께 ✿인조반정(仁祖反正)의 결정적인 명분을 제공하게 되었습니다. 대비를 경운궁에 유폐시킨 광해군은 "경운궁 담장 밖에 포도대장으로 하여금 많은 군사를 인솔하여 각별히 굳게 지키고 기찰(譏察)하며, 궁성 밖의 호위와 기찰도 엄밀하게 하라"고 명합니다. 그리고 경운궁의 이름도 서궁(西宮)으로 격하해서 불렀습니다.

광해 12년 10월에는 경운궁 내외의 각 아문(衙門: 관아의 출입문)을 헐어내라고 명하였는데, 이는 경운궁 전각을 헐어서 경덕궁을 짓는 데 사용하는 동시에 인목대비 주변의 인원 감축을 꾀하기 위한 것이었습니다. 인목대비가 가까운 궁인 몇 사람과 갇혀 지낸 경운궁은 바깥 행랑채가 무너지는 등 황폐할 대로 황폐해지고 말았습니다. 그리고 왕은

✿ 인조반정 : 광해군 15년(1623) 3월, 서인 이귀, 최명길 등이 선조의 손자 능양군을 추대하여 광해군을 폐위시키는 인조반정이 일어났다. 능양군(인조)의 아버지 정원군은 선조의 후궁 인빈 김씨 소생으로 인조 즉위 후에 원종으로 추존되었다. 능양군은 선조의 서손(庶孫)이었으나 첫 손자로서 선조의 총애를 받으며 궁에서 자랐다. 능양의 동생 능창군이 역모에 몰려 사사당하고 아버지 정원군은 홧병으로 세상을 떠나자, 능양군이 광해에게 원한을 품는 악연 또한 인조반정의 원인이 되기도 했다. 능양군은 서궁에 유폐된 대왕대비를 찾아가 문안하고 받들어 복위시킨 후 왕위 계승 절차를 밟고 별당에서 즉위하였으니, 조선의 제16대 국왕 인조(1595~1649)다. 이들은 광해군을 대비 앞으로 끌고 가서 죄를 물은 뒤 강화도 교동에 유배시켰다. 인목대비는 광해군과 폐세자에 대한 처형을 주장하였으나, 인조와 반정 세력은 이를 받아들이지 않고 유배를 보내는 선에서 반정을 마무리 지었다.
인조가 즉위한 별당은 이후 즉조당(卽祚堂)이라 불린다. 후대의 왕들은 인조의 즉위를 기리는 의미로 즉조당의 서까래 하나도 바꾸지 않고 그대로 보존하였다. 인조는 즉위 후 대비를 모시고 창덕궁으로 옮겨 거처하였는데, 그해 선조의 침전(석어당)과 별당(즉조당)을 제외하고는 모든 가옥과 대지를 본래의 주인에게 돌려주었다. 이제 경운궁의 규모는 별궁 정도로 축소되어 궁궐로서의 기능이 막을 내리게 되었다.

"경운궁 바깥 행랑채 11칸이 무너져 내렸다고 하니, 오늘 내로 서둘러 담을 쌓고 부장(部將)과 초관(哨官)은 금군(禁軍)과 포수(砲手), 그리고 군사를 많이 거느리고 밤낮으로 굳게 지키면서 잡인들을 얼씬 못하게 하고 철저히 기찰하도록 하라"고 명했습니다.

역대 왕들의 행적 중 광해군만큼 궁궐 역사에 전력을 다해 오랫동안 매달린 왕은 찾아보기 힘듭니다. 15년 재위 내내 궁궐을 지었으니 말입니다. 물론 전쟁이 끝난 직후 소실된 종묘와 궁궐을 짓는 일은 왕조 시대에 서둘러야 할 일이기는 하였지만, 광해군은 창덕궁과 창경궁, 경덕궁(경희궁의 원래 이름)을 짓고 나서도 또 다른 궁궐 신축을 서둘렀습니다. 이 과정에서 광해군은 왕조 최초의 법궁이었던 경복궁 중건보다 이궁이었던 창덕궁을 먼저 지었습니다. 그리고 창덕궁이 완공이 된 후에는 당백전(當百錢)을 발행하면서까지 다시 신 궁궐 역사에 매달립니다. 전란이 끝난 지 얼마 되지 않은 상황에서 강행한 무리한 토목 공사는 가뭄 등 천재지변과 겹쳐 국가 경제에도 부담을 주었을 뿐만 아니라 공역으로 지친 백성들의 민심마저 이반(離叛)하게 만들었습니다.

당시의 국가 재정으로 보아 신료들의 반대를 무릅쓰고 무리한 궁궐 역사에 매달리는 광해군을 다소 이해하기 어려운 점이 있습니다. 역술 가들이 왕의 미래를 어느 정도 예언했다면 어느 자리에서도 광해군의 신변이 편치 않다는 풍수지리적인 예언을 했겠지요. 그리고 왕은 자신의 불안을 해소해줄 만한 새 기운을 지닌 궁궐이 필요하다고 생각해서 무리한 궁궐 신축에 매달렸는지도 모르겠습니다. 아무튼 결과적인 역사의 수순으로 광해군은 궁궐 신축을 독촉하던 중에 인조반정으로 폐위되고 말았습니다.

❖ 인목대비, 광해의 죄를 묻다

10년 동안 광해군에 의해 서궁에 유폐되었던 인목대비는 인조 즉위 후 석어당에서 광해의 죄를 물었다. 인목대비는 광해군에 대해 "한 하늘 아래 같이 살 수 없는 원수이다. 참아온 지 이미 오랜 터라 내가 친히 그들의 목을 잘라 망령(亡靈)에게 제사하고 싶다. 10여 년 동안 유폐되어 살면서 지금까지 죽지 않은 것은 오직 오늘날을 기다린 것이다. 쾌히 원수를 갚고 싶다"고 말했다. 그러나 여러 신하들이 예로부터 폐출된 임금은 신자가 감히 형륙(刑戮)으로 의논하지 못하였다고 아뢰고, 무도한 임금으로는 걸(桀)·주(紂)만한 이가 없었으되 탕(湯)·무(武)는 이를 추방하였을 뿐이라고 대비의 한 맺힌 하교를 차마 들을 수 없다고 말했다. 그러자 대비는 "역괴가 스스로 모자의 도리를 끊었으니 나에게 있어서는 반드시 갚아야 할 원한이 있고 용서해야 할 도리는 없다"고 거듭 부르짖었으나, 이덕형이 "옛날에 중종께서 반정하시고 폐왕을 우대하여 천수를 마치게 하였으니 이것은 본받을 만한 일입니다"라고 달래고 있다. 대비는 집요하게 광해의 죄를 짚으면서 "부왕의 첩을 간통하고 그 서모를 죽였으며, 그 적모(嫡母)를 유폐하여 온갖 악행을 구비하였다. 어찌 연산(燕山)에 비교할 수 있겠는가" 하고 선조 승하 당시 광해군의 독살설을 상기시키고 있다. 인목대비가 친정아버지와 아들을 잃고 어머니마저 노비의 신분이 되어 귀양 보내지고 자신은 10년 세월을 갇혀 지낸 한을 풀기 위해 몸부림쳤지만 광해의 폐위와 교동 유배로 일단락되었다. 이후 광해군은 제주도로 부처되어 그곳에서 생을 마감했다.

인조반정의 명분은 폐모살제(廢母殺弟 : 어머니를 폐하고 형제를 죽이다)라는 광해군의 윤리적 패륜 행위를 응징한다는 것이었다. 그러나 인조반정을 일으킨 서인 일파는 지나치게 명분에 집착하였고, 이에 따라 광해군이 추진한 후금(청)과의 중립외교 정책을 비판하며 구체적인 전략도 없이 무조건적인 친명배금 정책을 실시했다. 이는 국제 정세의 흐름을 제대로 간파하지 못한 행동으로, 결국 정묘호란과 병자호란이 일어나는 계기가 되었고, 인조는 삼전도에서 치욕적인 굴욕을 겪게 되면서 조선의 자존심에 큰 상처를 받게 되었다. 서인들은 광해군이 추진했던 여러 정책을 실정으로 지목하여 폐위시켰는데, 이제 광해에 대한 평가를 객관적인 시각에서 해볼 필요가 있다고 생각한다. 우리가 실록의 역사적 객관성을 신뢰하기는 하지만, 이 역시 승자의 기록이므로 패자에 대해 편파적이며 고의적인 폄하로 명분을 합리화하고 있는 대목을 생각할 때이다. 당시 광해를 몰아낸 인조반정 주체 세력들 역시 명나라의 국운이 기울고 후금이 강성해지는 것을 모르지 않았으나 조선을 둘러싼 국제정세와 조선이 처한 명분 사이에서 인조는 친명배금의 명분을 좇을 수밖에 없었다.

인간 광해군

1623년 광해군은 폐위되어 강화도에 유배된 후, 다시 제주도로 부처(付處: 어느 장소에 머물러 있게 하는 형벌)되어 살다가 1641년 67세의 나이로 승하하였습니다. 인조는 광해군의 부음을 듣자 사흘 동안 조회를 정지시켰습니다. 그리고 왕은 조정에서 논의한 대로 패주 연산의 예에 비추어 광해의 장례를 왕자의 예로 치르게 했습니다. 올리는 모든 제물도 본 고을로 하여금 정결히 갖추어 예법대로 시행하도록 하고, 제주감사가 그곳에 나아가 모든 일을 살피게 하였습니다. 그리고 채유후(蔡裕後)를 예조 참의로 삼아 중관(中官)과 함께 제주에 가서 호상하도록 하였습니다.

광해군은 인조반정 이후 조선 후반기 내내 친형 살해와 폐모살제를 이유로 패륜자로 규정되어 왔습니다. 그리고 의리와 명분을 중요시했던 조선시대에 명나라와 후금의 전쟁 중 강홍립을 파견하여 이중적인 태도를 보인 점 역시 명나라에 대한 의리를 배신한 것으로 간주되어 조선시대 내내 비판의 대상이 되었습니다.

그러나 현대에 들어와 강홍립을 통한 줄타기 외교 등 광해군의 외교정책을 중립외교 혹은 실리외교로 보는 시각이 등장하면서 광해군에 대한 평가는 여러모로 재평가되고 있습니다. 이는 반정으로 광해를 폐위시키고 왕위에 오른 인조의 부덕함과, 시대적 국제 정세를 읽어내지 못한 실책으로 정묘호란과 병자호란이라는 두 번의 외침을 초래한 데서 더 극명히 드러나는 부분입니다.

광해군의 묘소는 평소의 소원대로 경기도 남양주 진건읍 송릉리에 어머니 공빈 김씨의 묘가 바라보이는 곳에 두었습니다. 어릴 때 어머니를 잃은 그 아들이 죽어서 어머니 가까이에 묻힌 광해군 묘는 우리가 역사상 폭군으로만 그려왔던 광해의 인간적인 슬픔이 와 닿는 공간입니다.

● 인조 19년(1641) 7월 10일 1번째 기사
광해군이 이달 1일 을해(乙亥)에 제주에서 위리안치(圍籬安置)된 가운데 죽었는데 나이 67세였다. 부음을 듣고 상이 사흘 동안 철조(輟朝)하였다. 이때에 이시방(李時昉)이 제주목사로 있으면서 즉시 열쇠를 부수고 문을 열고 들어가 예(禮)로 염빈(斂殯)하였는데, 조정의 의논이 모두 그르다고 하였으나 식자는 옳게 여겼다. 광해가 교동에서 제주로 옮겨 갈 때에 시를 짓기를,

궂은 비바람은 성 머리에 뿌리고 (風吹飛雨過城頭)
후텁지근한 공기 백 척 누각에 가득한데 (瘴氣薰陰百尺樓)
창해의 파도 속에 날은 이미 어스름하고 (滄海怒濤來薄暮)
푸른 산 근심어린 기운이 맑은 가을을 둘러싸네 (碧山愁色帶清秋)
돌아가고 싶어 왕손초를 신물나게 보았고 (歸心厭見王孫草)
나그네의 꿈에는 자주도 제자주(서울)가 보이네 (客夢頻驚帝子洲)
고국의 존망은 소식조차 끊어지고 (故國存亡消息斷)
안개 자욱한 강 위에 외딴 배 누웠구나 (烟波江上臥孤舟)

하였는데, 듣는 자들이 비감에 젖었다.

조선 후기의 경운궁은 그 규모가 축소되었지만, 임진왜란 이
후 역대 왕들은 국난 극복의 상징으로 이 작은 공간을 중요하게 생각
했습니다. 석어당과 즉조당 두 건물은 후기 조선왕조 제왕들로부터
'어려웠던 시절을 회상하는 뜻 깊은 공간'으로 존숭(尊崇)되어왔습니다.
숙종이 경운궁을 개수하였고, 영조는 1773년, 선조가 환도하여 정릉
동 행궁에 거처를 정한 3주갑(周甲: 180년)이 되는 해와 선조의 기일을
맞아 세손(후일의 정조)과 함께 즉조당에서 추모의 사배례(四拜禮)를 올려
기념하는 의식을 가졌습니다. 고종 또한 1893년(고종 30)에 선조가 경

즉조당과 석어당

바닥 높이의 차이가 있지만, 석어당과 즉조당을 연결하던 복도각을 추정해볼 수 있습니다.

석어당, 임금이 머물렀던 집 125

운궁에 거처를 정한 5주갑(300년)을 맞이하여 세자(후에 순종)와 함께 즉조당에서 전배하였으며, 인근의 노인들에게 쌀을 나누어주었다는 실록 기사가 보입니다.

● 고종 30년(1893) 10월 4일 1번째 기사

경운궁 즉조당에 나아가 전배(展拜)하였는데, 중궁전도 함께 동가(動駕)하였다. 왕세자와 세자빈궁이 따라가서 예를 행하였다. 이어 하례를 받고, 중궁전도 하례를 받았다. 사면(赦免)을 반포하였는데, 교문(敎文)에, "왕은 다음과 같이 말한다. 이 해에 감회가 일어나 선조의 공렬을 추모하여 아름다운 덕을 드러내고, 모두 옛 법을 따라 성대한 예를 거행하여 경사를 꾸몄다. 그렇더라도 간단한 교서를 반포하여 널리 팔방에 은혜를 베풀어주어야 할 것이다.

생각건대 선조대왕이 다시 회복하신 것은 비로소 양(陽)이 소생하는 계사년(1593) 10월의 일이다. 월산대군의 고택(古宅)에 임어(臨御)하시어 초매(草昧)를 경륜(經綸)하는 것과 같게 하여 다시 한관(漢官)의 성대한 위의가 드러나도록 하셨으니, 아! 세우신 공이 크고 넓도다.

석어당 뒤편 (사진 황은열)

● 석어당 뒤편 복도의 난간 장식

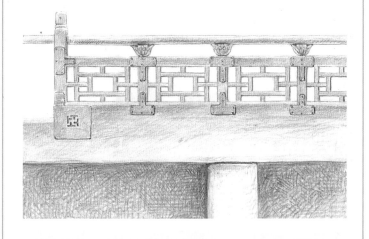

경운궁 화재 당시 고종은 덕수궁 서문 평성문으로 겨우 빠져나와 수옥헌으로 몸을 피신했다. 당시의 여러 가지 정황으로 미루어볼 때 함녕전에서 비롯된 경운궁의 대화재는 고종을 위협하기 위한 의도로 일제의 사주에 의해 저질러진 방화라는 의혹이 짙다.

5

함녕전과 덕홍전, 황제의 공간

함녕전 바깥의 봄

고종의 침전, 함녕전

석어당에서 돌아보면 중화전 동쪽으로 함녕전(咸寧殿)과 덕홍전(德弘殿)이 보입니다. 궁내에 있던 고종 황제의 침실 함녕전과 내외귀빈을 접견하던 덕홍전입니다.

함녕전은 1897년에 지어진 목조 건물로 고종의 경운궁 환어(還御)와 함께 지어졌습니다. 1907년 고종은 왕위를 물려준 다음 수옥헌(漱玉軒: 중명전으로 격상되기 전의 이름)에 있었으나, 순종이 창덕궁으로 이어하자 함녕전에서 거처하다가 여기에서 승하했습니다.

함녕전 남쪽으로는 행각이 있고, 치중문(致中門)과 봉양문(鳳陽門)이 있

함녕전 남쪽 행각과 치중문

치중문에서 바라본 함녕전

으며, 정문은 광명문(光明門)입니다. 1904년 화재로 함녕전이 소실되고 광명문만 남았는데, 덕수궁에 이왕직 박물관(석조전 서관)을 세우면서 1938년 현재의 위치인 중화문 남서쪽에 광명문만 옮겨 세워졌습니다. 하지만 광명문은 문으로서의 구실을 잃고 벽체도 없이 세운 뒤 그 문 안에 흥천사 범종, 자격루 시설 일부, 그리고 신기전기화차(神機箭機火車)를 들여놓아 마치 진열 부스처럼 되고 말았습니다.

2018년 '광명문 제자리 찾기' 사업의 일환으로 원래 위치인 함녕전 남행각 앞쪽으로 광명문을 이건한 뒤 2019년 3월 준공식을 가졌습니다. 이로써 약 80년 만에 광명문은 제자리로 돌아오게 되었습니다.

● 광명문 이전 전과 후의 위치

1938년 중화문 남서쪽으로 광명문을 이전한 후 그 문 안에 화포, 성종, 측우기를 진열하였다.

2019년 원래 위치인 함녕전 앞으로 광명문을 이건하였다.

경운궁의 대화재 이후

　'함녕(咸寧)'은 모두가 평안하다는 뜻으로 《주역周易》의 건(乾)
괘를 풀이한 단사(彖辭)에 "만물에서 으뜸이 나오니 만국이 평안하다(咸
寧)"라고 한 것에서 유래한 이름입니다. 그런데 고종의 침전으로 쓰였
던 함녕전을 이야기하면서 이 평화로운 의미의 이름이 무슨 소용인가
하는 생각을 합니다. 사건은 바로 1904년(광무 8) 4월 14일의 경운궁
대화재입니다. 경운궁을 잿더미로 만들고 오늘날 덕수궁의 입지를 이
렇게 초라한 모습으로 위축시킨 계기가 바로 1904년의 화재 사건입니
다. 당시의 화재를 전했던 일본 측의 언론에 의하면 "황제의 침전인

함녕전 서쪽 아궁이

함녕전 현판

함녕전 온돌을 수리한 뒤 말리는 과정에서 아궁이에 불을 잘못 때어 나무기둥에 불이 옮겨 붙어 삽시간에 급한 북동풍을 타고 궁궐 전체로 번져 하늘이 새카맣게 변했다"라고 쓰고 있습니다.

● 고종 41년(1904) 4월 14일 1번째 기사
경운궁(慶運宮)에 화재가 났다.【함녕전(咸寧殿), 중화전(中和殿), 즉조당(卽阼堂), 석어당(昔御堂)과 각 전각이 모두 탔다.】

불이 나자 경효전(景孝殿: 명성황후의 혼전)의 신주를 임시로 준명전(濬明殿: 준명당의 이전 이름)의 서쪽 행각에 모시게 하고, 흠문각(欽文閣)의 황제 어진(御眞)과 황태자의 화상 예진(睿眞)을 준명전에 이봉(移奉)하였습니다. 이날 수옥헌에 있던 고종은 화재를 위로하기 위해 들어온 대신들에게 "불행 중 천만다행이다. 함녕전의 구들을 고치고 불을 지피다가 이 화

1904년 경운궁 화재 현장 (문화재청 소장)

재가 났는데, 게다가 바람이 사납게 부는 통에 일시에 불길이 번져 이 지경에까지 이르렀다"고 말합니다. 이에 이근명이 아뢰기를, "하늘이 낸 불을 재변이라 하고, 사람이 낸 불을 화재라고 합니다. 이것은 사람의 화재이지만, 하늘의 재변이기도 합니다. 재변을 만났으니 조심하고 반성하는 동시에 깊이 새겨 두기도 해야 할 것입니다…"라고 말하고 있습니다. 또 고종은 "병신년(1896)에 이어하였을 때에는 오로지 즉조당(卽阼堂) 하나뿐이었다. 지금은 몽땅 불탔지만 가정당(嘉靖堂)·돈덕전(惇德殿)·구성헌(九成軒)이 아직 온전하게 있는 만큼 그때에 비하면 도리어 낫다. 즉조당으로 말하면 몇백 년 동안 전해오는 것이기 때문에 서까래 하나 바꾸거나 고치지 않았는데, 몽땅 타버렸으니 참으로 아쉽기 그지없다"라고 말해 즉조당이 불탄 것에 대해 매우 안타까워했습니다. 그리고 화재 바로 다음 날 고종은 "재물과 비용이 궁색하지만, 반드시 이 궁궐을 다시 세워야 할 것이다"라고 말하며, 경운궁 중건도감을 설립할 것을 명합니다.

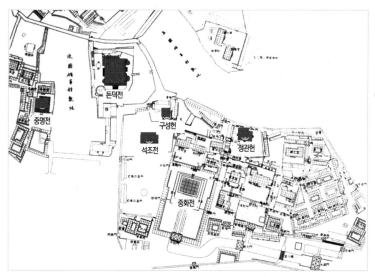

1907~1910년 경운궁 중건 배치도

　여기서 우리가 이 경운궁 대화재가 누군가에 의해 고의적으로 의도된 '방화'로 심증이 굳어지는 이유는 궁궐의 아궁이 구조에 있습니다. 함녕전의 온돌 장치는 나무기둥 사이에 한 자 이상의 돌기둥이 버티고 있는데, 과열로 나무기둥에 불이 옮겨 붙었다는 것은 상식적으로 납득이 안 되는 말입니다. 이 화재 당시 고종은 경운궁 서문인 평성문(平成門)으로 겨우 빠져나와 수옥헌(중명전의 원래 이름)으로 몸을 피신했습니다. 당시의 여러 가지 정황으로 미루어볼 때 함녕전에서 비롯된 경운궁의 대화재는 고종을 위협하기 위한 의도로 일제의 사주에 의해 저질러진 방화라는 의혹이 짙다는 중론입니다.

동쪽 담장에서 함녕전의 지붕 합각을 바라봅니다.

함녕전 동쪽 바깥 담장의 겨울

태황제의 붕어

　　1907년 순종의 창덕궁 이어 후에 고종이 기거하던 적막한 함녕전에 다시 웃음꽃이 피는 훈훈한 일이 일어났습니다. 태황제께서 회갑을 맞던 해(1912)에 궁인 양씨가 옹주를 낳은 것입니다. 궁인 양씨는 귀인으로 봉해졌고, 당호를 복녕당(福寧堂)으로 하여 옹주는 복녕당 아기씨로 불리게 되었습니다. 태황제의 고명따님으로 태어난 아기씨는 부왕을 쏙 빼닮았고, 태황제는 이 딸을 너무 사랑한 나머지 아예 유모까지 함녕전으로 옮겨 오게 했습니다.

함녕전 마루에서 바라본 뒤편

함녕전 뒤뜰의 굴뚝에는 길상문 '수(壽)' 자가 새겨져 있다.

　기울어가던 황실에 태어난 덕혜옹주는 모두의 사랑을 독차지하며 자랐으나, 일곱 살이 되던 해 1919년 고종 황제는 이곳 함녕전에서 갑자기 승하했습니다. 이후 덕혜옹주는 열세 살에 일본으로 끌려가게 되면서 너무도 불행한 일생을 살게 됩니다. 국권을 빼앗긴 나라의 왕족으로 살아야만 했던 비극이었습니다.

　당시 태황제는 68세로 비교적 건강한 편이었는데, 일제는 1월 21일 중병이 발생하여 다음날 태황제가 붕어(崩御)했다고 발표했습니다. 이후 민중들 사이에는 일본인이 황실의 어주도감, 즉 식자재를 담당하던 한상학을 시켜 고종이 드시는 식혜에 독을 탔다는 말이 나돌았습니다. 태황제의 갑작스런 붕어는 자손들의 임종도 할 수 없게 했습니다. 순종은 창덕궁 대조전에 있었는데, 새벽 전화를 받고 경운궁으로 달려갔을 때는 이미 고종이 숨진 후였습니다.

● 순종 12년(1919) 1월 21일 2번째 기사
묘시(卯時)에 태왕 전하가 덕수궁 함녕전(咸寧殿)에서 승하하였다. 다음날 복(復)을 행하였다.

그런데 일제 기관지 〈매일신보〉의 1월 21일자에는 고종이 중환이라고 되어 있습니다. 그리고 《순종실록》 부록에 이태왕(李太王, 고종)의 와병 기록이 나오는 것은 1919년 1월 20일입니다. 그러나 병명도 기록하지 않은 채 그날 병이 깊어 도쿄에 있는 왕세자에게 전보로 알렸다고만 기록하고 있습니다. 문제는 그날 밤 고종의 병세가 깊다면서 숙직시킨 인물들이 자작(子爵) 이완용과 이기용이란 점입니다. 1월 22일자 〈매일신보〉 호외는 비로소 고종의 죽음을 알리고 있습니다. 기사에는 '이태왕 전하 훙거'라는 제목으로 고종이 1월 22일 묘시(오전 6시)에 덕수궁 함녕전에서 승하했다고 쓰고 있습니다. 일제는 고종의 사망 사실을 하루 동안 숨겼다가 '신문 호외'라는 비공식적 방법으로 발표했는데 사인(死因)은 뇌일혈이었습니다.

갑오개혁을 주도한 김윤식이 제주도 유배 중에 기록한 《속음청사續陰晴史》에서는 고종이 갑자기 승하해 아들들도 임종치 못했다고 기록하였고, 그 당시 대체로 건강하던 태황제께서 하룻밤 사이에 갑자기 사망한 데 대해 의혹이 일면서 독살설이 널리 유포되기 시작했습니다.

고종 죽음 직후부터 독살설이 끊임없이 유포되었고, 백성들 사이에서는 고종의 죽음에 대한 더 구체적인 증거가 나돌기 시작했습니다.

함녕전과 행각을 연결하는 복도각

고종이 식혜를 마신 다음 급사했다는 것이었습니다. 가장 유력하게 퍼진 설은 이완용 등이 두 나인에게 독약 탄 식혜를 올려 독살했는데, 그 두 명도 입을 막기 위해 살해했다는 것입니다.

고종의 갑작스런 승하 소식은 조선을 충격에 빠지게 했고, 백성들은 대한문으로 몰려들었습니다. 애도의 행렬은 끝이 없었습니다. 조선총독부는 닷새가 지나서야 공식 반응을 보였고, 1월 27일부터 음주가무를 정지한다고 했습니다. 이렇게 고종 황제는 열두 살에 왕위에 오른 지 56년, 68세의 나이로 갑작스레 세상을 떠났습니다.

내외 귀빈이 황제를 알현하던 덕홍전입니다.

덕홍전

함녕전 옆의 덕홍전(德弘殿)은 덕수궁 내 현존 전각 중에 가장 나중에 지어진 전각으로 내외 귀빈이 황제를 알현하던 편전입니다. 현재 있는 덕홍전 자리에는 명성황후의 혼전(魂殿: 국장 뒤 3년 동안 신위를 모신 전각)으로 사용되었던 경효전(景孝殿)이 있었습니다. 1904년 화재 후 소실된 경효전을 수옥헌 영역으로 옮기고, 1911년 다시 내부를 개조하여 현재의 덕홍전을 준공한 것으로 보입니다. 건물 전면의 칸 수가 많은 길쭉한 전통 양식에 비해 덕홍전은 정면이 3칸인데, 측면의 칸 수가 4칸으로 거의 정방형에 가까운 서양식 구조를 가지고 있습니다.

애초에 덕홍전은 황제의 집무실답게 화려한 치장을 하여 그 위엄을

덕홍전

보여주고 있습니다. 특히 덕홍전 내부는 천장의 샹들리에나 봉황 문양의 단청, 창방(昌枋)의 오얏꽃 문양 등이 화려하게 꾸며져 있습니다. 유럽식 궁전의 알현실처럼 내부가 넓게 트인 구조로 짓고 창문마다 커튼박스를 설치하고 전등을 달았습니다. 커튼 박스의 장식은 그 윗부분의 가운데에 이화 문장을 조각해 금색으로 채색하고 양쪽에 있는 봉황의 입에서 상서로운 기운을 내뿜고 있는 모습입니다.

덕홍전 앞 서쪽 마당에는 양식과 일식이 혼합된 귀빈실이 건립되었고, 귀빈실은 덕홍전과 복도로 연결되어 있었습니다. 그리고 동쪽의 함녕전과는 행각 복도로 연결되어 있었던 듯 아직도 함녕전 서편의 기단부에는 복도를 연결했던 흔적이 남아 있고, 덕홍전의 양쪽 측면에는 여닫이 판문이 남아 있습니다.

덕홍전 측면의 판문

● 덕홍전 내부

덕홍전 내부 천장의 샹들리에

문틀의 오얏꽃 문장과 천장의 봉황 문양 반자

덕흥전 출입문 앞의 봄빛 정경

이름 그대로 정관헌은 조용히 궁궐을 바라볼 수 있는 그 위치에서 매우 우아한 자태로 아래쪽에 펼쳐지는 정원을 내려다보고 있다. 고종은 정관헌에서 커피를 마시며 외교사절에게 연회를 베풀었으며, 가배 또는 양탕국이라고 하는 커피를 꽤나 즐기셨다고 한다.

고종 황제가 사용한 은제 커피잔

6

정관헌,
커피향이 흐르다

모란이 피는 봄, 정관헌 앞의 계단식 정원이 화려합니다.

서양식 정자, 정관헌

    덕홍전과 함녕전 뒤편의 소나무 숲 사이로 얼핏 작은 집 한 채가 눈에 띕니다. 집의 외양이 전통 방식으로 지은 집은 아닐 테고 경운궁의 역사적인 위치로 보아 서양식 건물이 궁궐 안에 들어선 것으로 보입니다. 바로 1900년 대 당시 경운궁에 지어진 몇 채의 양관(洋館) 중 하나인 정관헌(靜觀軒)입니다.

    덕홍전을 둘러보고 뒤편으로 가면 약간 구릉진 곳에 꾸며진 아담한 정원으로 올라가는 계단이 있습니다. 정원의 양편에는 제법 숲이 우거

목구조 포치로 삼면을 이루고 있는 정관헌

져 소나무가 그늘을 만들어주는 사이사이로 정관헌의 모습이 보입니다. 전통 궁궐 건축의 분위기와는 사뭇 다른, 동서양의 양식을 적절히 혼합한 장식 문양도 보이고, 마치 야외 카페 같은 분위기로 시선을 잡아끄는 매력이 있습니다.

정관헌의 지붕은 전통적인 팔작지붕을 하고 있습니다. 전통 기와지붕에서 보이는 현수곡선의 우아한 자태는 아니지만, 서양식 구조를 지니고 있어서인지 오히려 산뜻하고 깔끔한 추녀 처리가 또 이국적입니다. 뒤편으로 돌아가면 붉은 벽돌로 쌓은 조적조 몸체도 인상적입니다. 약간 무게감 있는 멋을 풍기는 궁궐의 정자와는 그 외양부터가 다른, 동화에나 나올 것 같은 아주 예쁜 집입니다.

정관헌의 뒤편 조적조 몸체

정관헌 내부

　계단의 양편으로 모란이 흐드러지게 피는 봄날이면 아마도 정관헌
까지 다가가기에도 꽤 시간이 걸릴 듯합니다. 계단을 올라서면 양 옆
에 정관헌의 입구를 알리듯 서 있는 석등도 참 단정합니다. 이름 그대
로 정관헌은 조용히 궁궐을 바라볼 수 있는 그 위치에서 매우 우아한
자태로 아래쪽에 펼쳐지는 정원을 내려다보고 있습니다. 고종께서 다
과를 들고 음악을 감상하던 곳으로, 한때는 태조·고종·순종의 영정
을 봉안하기도 하였습니다.

　정관헌 북쪽 담장 너머로는 대한성공회 서울주교좌 대성당 건물이
보이고, 그 옆에는 예전에 황실 교육기관인 수학원으로 쓰이던 양이재
가 있습니다. 그리고 2021년에 개방한 세실극장 옥상인 세실마루 전
망대에 올라가면 정관헌의 전경을 가깝게 볼 수 있습니다.

정관헌은 말 그대로 조용히 궁궐을 바라보는 곳입니다.

정관헌에서 바라보는 정원의 봄

고종 황제, 커피를 즐기다

　고종은 정관헌에서 커피를 마시며 외교사절에게 연회를 베풀었는데, 당시 고종께서는 새롭게 접하는 기호식품으로 가배 또는 양탕(洋湯)국이라 하여 커피를 꽤나 즐기셨다고 합니다. 그런 황제의 커피 애호를 이용하여 고종에 대한 ✿커피 독살 미수 사건도 있었습니다.

　요즈음도 덕수궁관리소에서는 정관헌을 개방하여 그 안의 탁자에 앉아 주변 경관을 바라볼 수 있도록 하고 있습니다. 궁궐에서 마시는 커피향을 즐기려면 봄가을 금요일 밤 행사에 참석해 보는 것도 좋을 듯합니다. 다른 궁궐과 달리 덕수궁은 밤 9시까지 야간 개장을 하고 있어서 정말 고즈넉한 정취를 느껴볼 수 있습니다. 커피를 즐기는 사람들도 많아지고 커피전문점도 많아진 요즘에 대한제국 시기의 카페 1호점 정관헌에서 당신은 어떤 커피향을 음미할까요?

✿ 커피 독살 미수 사건 : 1898년 고종과 황태자였던 순종이 즐기던 커피에서 다량의 아편이 검출된다. 고종은 맛이 이상함을 알고 곧바로 뱉었으나, 황태자인 순종은 이를 알아차리지 못하고 커피를 들이마시는 바람에 치아가 모두 빠지고 며칠간 혈변을 누는 등 심한 몸살을 앓았다고 한다. 이 사건은 러시아 통역관 김홍륙(金鴻陸)이 저지른 사건으로 알려져 있으나, 당시 김홍륙의 유일한 세력 기반이 고종이었던 사실과 김홍륙이 유배 당시 지속적으로 고종의 안위를 물었던 사실을 고려하면 실제로 그 정적들이 김홍륙에게 누명을 씌워 제거하기 위해 자작극을 벌인 것으로 추정하고 있다.

고종 황제와 외교사절들이 커피를 즐겼던 정관헌 내부

로마네스크 양식의 인조 대리석 기둥이 고전적인 멋을 보여줍니다.

정관헌의 기둥 장식

동양적인 요소가 가미된 서양식 정자인 정관헌은 1900년경에 러시아(현 우크라이나 지역) 건축가 세레딘 사바틴(Afanasy Ivanovich Seredin-Sabatin, 1860~1921)이 설계했습니다. 현재의 정관헌 모습은 개방형의 파빌리온(pavilion)인데, 역대 임금의 영정을 봉안했다는 기록으로 보아 안쪽의 벽체가 막혀 있었던 것으로 보입니다.

정관헌은 붉은 벽돌을 쌓아 올린 조적식(組積式) 벽체와 로마네스크풍의 인조 대리석 기둥을 세우고 건물 밖으로 가는 목조 기둥을 둘러 퇴를 두르듯이 짜여진 건물입니다. 이 정관헌을 건축적으로는 콜로니

로마네스크풍의 인조 대리석 기둥과 목조 기둥으로 장식한 정관헌

용 문양이 투각되어 있는 정면 출입구의 아치 장식 (사진 황은열)

얼 스타일(colonial style)로 해석하기도 하는데, 이는 서구 열강이 동남
아 지역을 식민 지배했을 때 그 더운 기후를 견디기 위하여 테라스와
아케이드를 둔 건축 양식을 말합니다.

주두의 오얏꽃 문양

　정관헌의 기둥머리 조각은 전통적인 유럽의 코
린트(Corinthian) 양식보다는 형태적으로 단정하고
오얏꽃 등 한국적인 문양이 들어가 있어서 아주 낯
설어 보이지는 않았을 듯합니다. 기둥의 윗부분에
아칸서스 잎과 활짝 핀 오얏꽃을 조각하고 그 위에
동그랗게 말린 볼류트(volute)를 올리고, 또 그 위에
는 꽃을 가득 꽂은 화병을 조각해 놓았습니다. 또한 출입구의 윗부분과
양쪽으로 온갖 꽃들과 화려한 문양 장식을 투각으로 표현했는데, 전통
문양을 서양 건축에 사뿐히 드러낸 표현이 정말 아름답습니다. 특히 정
관헌 정면 가운데 출입구 아치 위에는 용 문양이 투각되어 있어 고종
황제께서 이곳으로 출입한 것을 알 수 있습니다. 원래 석재를 기본으로
하는 서양식 기둥을 나무로 만들고 여기에 각종 화려한 장식을 꾸민 후
산뜻한 채색으로 돋보이게 했습니다.

정관헌 기둥의 코린트 장식과 꽃병

정관헌의 테라스

가까이 다가서면 정관헌의 테라스 난간에는 우리 전통 문양을 철제 투각으로 수놓듯 새겨 놓았습니다. 소나무 아래의 사슴 · 박쥐 · 불로초 · 방승 무늬 등 길상 문양이 보입니다. 그런데 녹색으로 칠해진 정관헌 바깥 기둥은 코린트 양식으로 주두를 얹고 가는 홈이 파인 날렵한 형태를 하고 있는데, 이는 나무를 조각해서 철제 기둥처럼 흉내를 낸 것입니다. 전체적인 비례감을 살리기 위해 날씬한 철제 기둥을 써야 했겠지만, 나무로 모양을 흉내낸 것은 철제를 건축에 사용하는 것이 아직은 익숙지 않았던 까닭이겠지요.

그리고 바닥에는 당시로는 매우 새로운 건축재였을 무늬 타일을 깔았군요. 100여 년 전 러시아에서 수입해온 최고급 타일입니다.

테라스 장식의 길상 문양

바닥을 장식하고 있는 러시아산 무늬 타일

정관헌의 테라스 난간을 장식하고 있는 전통적인 길상 문양

야외 카페 분위기를 연상시키는 정관헌의 겨울 정경입니다.

정관헌 기단의 철제 환풍구

유현문 꽃담

정관헌을 둘러보고 서쪽으로 난 창신문(彰信門)으로 나가기 전, 안쪽 담장을 따라 내려가면 담장 너머로 석어당이 보이고 야트막한 꽃담장이 덕홍전 뒤편의 화계를 감싸듯 구분합니다. 그리고 그 담장 중간에 아주 예쁜 문이 하나 나오는데, 바로 유현문(惟賢門)입니다. 유현문은 홍예를 틀고 문 이마 양쪽 안팎에 꽃담으로 용과 학을 수놓았습니다. 유현문 양쪽으로 펼쳐지는 계단식 꽃담은 안쪽의 계단식 정원과 함께 덕수궁에서 가장 아름다운 공간입니다.

유현문 안쪽 꽃담

유현문과 꽃담

유현문의 접이식 판문

(사진 황은열)

단정한 원근감을 보여주는 유현문 골목입니다.

홍예를 틀고 학 문양으로 장식한 유현문

정관헌에서 후원으로 나가는 창신문 담장의 겨울

담장 밖 세실마루 전망대에서 바라본 정관원의 봄날 전경입니다.

즉조당은 덕수궁의 모태가 된 곳이다. 임진왜란 당시 선조가 임시로 거처했던 즉조당은 집의 이름대로 왕이 즉위한 공간이다. 즉조당과 복도로 연결된 준명당은 황제가 업무를 보던 곳이다.

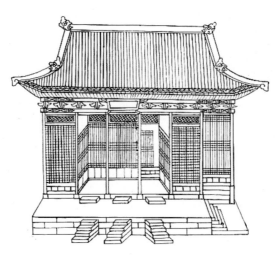

《경운궁 중건도감의궤》에 그려진 준명당

7

즉조당과 준명당,
덕수궁의 모태

'왕이 즉위한 집'이라는 의미를 담은 즉조당 현판입니다.

즉조당

석어당과 준명당(浚明堂)의 가운데에 위치한 즉조당(卽阼堂)은 덕수궁의 모태가 된 곳입니다. 이 건물의 이름 '즉조(卽阼)'는 '왕의 즉위'를 행한 아주 중요한 공간이라는 의미입니다. 임진왜란 당시 선조가 임시로 거처한 후 1623년에는 조선의 제16대 왕 인조(1595~1649)가 이곳 즉조당에서 즉위했습니다.

그 후 고종은 1897년 2월 러시아공사관에서 경운궁으로 환어한 뒤 중화전을 건립하기 전까지 즉조당을 정전으로 사용하였습니다. 고종은 그해 10월 환구단을 세우고 대한제국을 선포한 후 태극전(太極殿: 당시 즉조당 이름을 태극전으로 고침)에서 황제의 자리에 올랐습니다.

석어당과 준명당 사이에 위치한 즉조당

즉조당

● 고종 34년(1897) 10월 13일 1번째 기사

빈전(殯殿)에 나아가 조전(朝奠)과 별전(別奠)을 행하고, 이어 태극전(太極殿)에 나아가 백관(百官)들의 진하를 받았으며, 조서(詔書)를 반포하여 천하에 대사령(大赦令)을 내렸다.

순종의 즉위식 역시 이곳 즉조당에서 시작되었습니다. 즉조당의 이름은 '태극전'으로 불리다가 중화전으로 고쳤고, 다시 새 중화전이 완공된 후에는 즉조당이라는 이름을 되찾았습니다.

1904년 화재로 즉조당이 소실되자 고종은 이를 매우 안타까워했습니다. 이는 즉조당이 국난 극복의 현장이었을 뿐만 아니라, 후대의 왕들은 왕위 승계의 정통성을 인조 즉위에 출발점을 두고 즉조당의 서까래 하나도 바꾸지 않고 소중히 보존해 왔기 때문입니다. 즉조당 천장의 용 단청은 이 건물 격을 말하고 있습니다.

1904년 화재 후 중건된 현재의 즉조당에는 고종이 손수 쓴 편액이 걸려 있습니다. 즉조당 현판의 어필(御筆) '광무 9년 을사 7월(光武九年乙巳七月)'은 1905년으로 즉조당이 그 이듬해에 서둘러 복원되었고, 고종의 어필 현판이 걸렸다는 것을 말해주고 있습니다.

즉조당 안에는 특이하게도 종이에 쓴 주련이 기둥에 붙어 있는데, 대한제국 출범 당시 만국의 사신들이 고종께 알현하는 모습을 그리고 있습니다. '구천창합개궁전(九天閶闔開宮殿)'과 '만국의관배면류(萬國衣冠拜冕旒)'라고 쓰여 있는데, 해석을 하면 "구천의 큰 문이 이 궁전에서 열리고, 만국의 사신들이 면류관에 절하네"라는 뜻입니다.

즉조당은 고종의 후비인 엄귀비(후일 황귀비로 책봉, 순헌황귀비)가 1907년(순종 원년)부터 1911년 7월 승하할 때까지 거처한 곳이기도 합니다.

즉조당 내부

준명당은 고종 황제가 대신들을 만나고 외국 사신을 접견한 곳입니다.

준명당

준명당(浚明堂)은 1897년에 새로 지은 내전(內殿)의 하나로 황제가 업무를 보던 곳이며, 즉조당과 복도로 연결되어 있습니다. 이 집의 이름 '준명(浚明)'은 당시 어려운 때를 맞이하여 국왕과 관리들이 더욱 밝은 눈으로 이치를 살펴 나라를 다스리겠다는 의지를 보여주고 있습니다. 준명당은 고종이 편전으로 사용하며 대신들을 만나고 외국 사신을 접견하던 곳으로, 1904년의 경운궁 화재로 인해 다시 지어졌습니다. 그리고 고종은 환갑에 얻은 고명따님 덕혜옹주의 재롱을 보기 위해 1916년 준명당에 유치원을 개설했습니다. 후에 고종과 순종의 초상화를 준명당에 봉안하였습니다.

1900년 고종과 내각 대신들이 준명당 앞에서 찍은 사진 (국립고궁박물관)

즉조당과 준명당 뒤편

즉조당과 준명당을 연결하는 복도각

준명당 앞마당의 가을

마지막 황녀 덕혜옹주

'덕을 널리 베풀라'는 이름을 지닌 덕혜옹주(德惠翁主)는 1912년 5월 25일 덕수궁에서 태어났습니다. 고종 황제와 복녕당 귀인 양씨 사이에 태어난 대한제국의 마지막 황녀입니다. 궁녀였던 양씨는 출산과 동시에 '복녕(福寧)'이라는 당호를 하사받아 귀인으로 봉해졌으며, 덕혜옹주도 '복녕당 아기씨(兒只氏)'라고 부르게 되었습니다. 같은 해 7월 13일에 고종은 덕혜옹주를 복녕당에서 자신의 거처인 함녕전으로 데려왔습니다. 고종에게는 총 9남 4녀의 자녀가 있었지만, 3남 1녀만이 성년이 될 때까지 생존하였습니다. 그중 덕혜옹주가 유일한 딸입니다. 더구나 덕혜옹주가 태어난 때는 고종이 일제의 강압으로 순종에게 양위를 하고 무료한 말년을 보내던 시기였습니다. 영친왕도 일본으로 끌려가고 순헌황귀비(엄귀비)도 세상을 떠났으니 고종에게 덕혜옹주의 재롱은 유일한 즐거움이자 행복이었기에 딸을 사랑하는 그 모습은 국왕의 근엄을 넘어서는 것이었습니다.

1916년 4월 1일에 고종은 덕혜옹주를 위하여 덕수궁 안에 유치원을 설치하도록 명하였습니다. 유치원은 준명당에 설치되었으며, 덕

당의 차림의 어린 덕혜옹주

혜옹주는 귀족의 딸들과 함께 교육을 받았습니다. 1917년 6월에 왕공족의 신분을 정식으로 인정받았고, 이때가 덕혜옹주에게는 일생에 가장 행복한 시간이었습니다.

● 순종 9년(1916) 4월 1일 1번째 기사
덕수궁 안에 유치원을 설치하여 복녕당의 아기씨를 교육할 것을 명하였다. 이어 교구치 사다코(京口貞子)와 장옥식을 보모(保姆)로 촉탁하였다.

고종은 덕혜옹주가 영친왕 이은처럼 볼모로 일본에 보내지거나 일본인과 정략결혼을 하게 될 것을 염려하여 시종 김황진의 조카 김장한과 비밀리에 약혼을 계획하였지만, 일본의 방해로 실패하였습니다. 덕혜옹주는 1919년에 고종이 승하한 후에도 덕수궁에 머물다가 고종의 혼전이 창덕궁으로 옮겨지자 1920년 3월 15일에 창덕궁 관물헌으로 거처를 옮겼습니다. 1920년 4월 17일 〈매일신보〉 기사는 고종이 승하한 후의 덕혜옹주의 근황을 그리고 있습니다.

고 이태왕 전하께옵서는 아드님은 많이 계시나 따님은 한 분도 계시지 아니한고로 항상 생각하시던바 이로부터 8년 전에 따님 한 분을 얻으신고로 매우 귀여워하시며 더욱이 막내 따님인고로 그 귀여워하시던 것은 붓으로써 말하기 어렵더니 작년에 그같이 귀여운 아기씨를 남기어두시옵고 이 세상을 떠나옵신바 그 아기씨께옵서는 어리신 마음에도 항상 그 아버님을 생각하시며 감사하심을 금치 못하시며 덕수궁 한편 방에 기거하옵시더니 이번에 혼전을 옮기심을 따라 또한 창덕궁의 오라버님 되시는 이왕 전하의 곁으로 가서 매일 제사를 게을리하지 아니하신다 함은 이미 보도한 바이거니와 아기씨로 말씀하면 금년에 8세가 되시었는고로 공부하실 때가 되었다 하야 지난 사월 초일일부터 공부를 시작하시었다 하는 소문을 듣자옵고 창덕궁에 가서 동사무관의 윤세용 씨를 방문하였던바 윤세용 씨는 말하여 가로되 "아기씨께서는 사월 일일부터 공부를 시작하시사 그 공부하시는 과정은….”

당시 〈매일신보〉는 어린 덕혜옹주의 매일 일과를 백성들에게 전하고 있는데, 이는 나라 잃은 조선의 백성들이 덕혜옹주의 어여쁜 행적을 듣는 것으로 위안을 삼고 있었음을 보여줍니다. 대한제국 마지막 황녀의 안부는 언제나 국민들에게 최대의 관심사였습니다. 순종 황제와 윤황후도 자식이 없어 쓸쓸해하다가 어린 덕혜옹주를 마치 친딸처럼 귀여워했습니다. 더구나 덕혜옹주는 부왕 고종께서 지극히 사랑하신 딸로 총명하고 음악, 무용에 재주가 많아 자주 불러 그 재롱을 보고 즐거워했습니다.

1920년 4월 1일부터 궁내에서 심상소학교 1학년 과정을 세 명의 학우들과 같이 교육 받다가 1921년 4월 1일에 경성 일출심상소학교 2학년으로 입학하였습니다. 그동안 복녕당 아기씨로 불리던 옹주는 1921년 5월 4일에 ‘덕혜’라는 호를 정식으로 하사 받았으며, 일본 궁내성에 상신을 거쳐 옹주의 존칭을 이때부터 사용하게 되었습니다.

옹주가 13세 되던 1925년 정월에 이왕직 차관 고쿠분 쇼타로(國分象太郞)는 순종에게 덕혜옹주의 일본 유학이 결정되었음을 통고하였다. 순종은 세자 영친왕이 볼모로 도쿄에 있게 있으면 됐지 왜 어린 옹주까지 데려가야 하느냐고 반대를 했지만, 순종은 이미 국권을 상실한 힘없는 왕이었다.
도쿄에 간 덕혜옹주는 여자학습원 중등과 2학년에 입학하였다. 덕혜를 맞이한 영친왕 역시 인질은 자기 하나로 족하지 왜 저 어린 아이까지 데려오느냐고 울분어린 탄식을 했다. 어린 나이에 어머니의 품을 떠나 자신이 겪은 슬픔을 똑같이 겪게 되는 동생이 안쓰러웠을 것이다.
— 〈경향일보〉 1984년 7월 7일 기사

경성 일출심상소학교 시절 덕혜옹주

　1926년 4월 25일 조선의 마지막 황제 순종이 승하했습니다. 그리고 딸을 일본으로 보낸 후 계동 집에서 외롭게 살던 양귀인 마저 1929년 5월 30일 유방암으로 사망했습니다. 어머니가 사망하자 6월 2일에 귀국했지만 귀인 양씨가 《왕공가궤범》에 따라 귀족에 포함되지 않으므로 왕공족인 덕혜옹주는 복상을 할 수 없다는 이유로 복상도 하지 못하고, 6월 9일에 일본으로 돌아갔습니다. 그 후 덕혜옹주는 1930년 봄 무렵 신경쇠약 증세를 보이기 시작하여 영친왕 저택과 별장에서 요양을 하였으나, 결국 조발성 치매증(정신분열증) 진단을 받게 되었습니다. 덕혜옹주에게는 견디기 힘든 세월이었습니다.

　1931년에 증세는 호전되었고, 3월 27일에 여자학습원 본과를 졸업하였습니다. 그해 옛 쓰시마 번주 가문의 당주이자 백작 소 다케유키와 정략결혼을 하고 이듬해 딸 마사에를 낳았습니다. 덕혜옹주의 안부는 1931년 결혼식 보도 이후로 더 이상 신문에 보도되지 않았습니다. 이는 조선의 입장에서 영친왕이 일본 여인과 결혼했을 때 보였던 울분과 실망감의 연장이었습니다.

덕혜옹주는 그 후 병세가 다시 악화되어 1946년부터 마쓰자와 도립 정신병원에 입원하였고, 입원이 장기간 지속되자 소 다케유키는 1955년에 영친왕 부부와 협의 후에 덕혜옹주와 이혼하였습니다. 덕혜옹주는 호적에 '양덕혜(梁德惠)'로 일가를 창립하였습니다. 일본 패망 후 1947년 10월에는 신적강하(臣籍降下)로 평민이 되면서 생계와 치료에 곤란을 겪게 되었으며, 입원비는 영친왕이 부담하였습니다. 1956년 8월 26일에는 딸 마사에가 결혼에 실패하고 자살하겠다는 유서를 남기고 실종되었습니다.

비운의 날들이 이어지고 영친왕의 귀국을 도왔던 김을한의 노력으로 덕혜옹주는 한국으로 귀국할 수 있었습니다. 김을한은 고종이 덕혜옹주의 약혼자로 내정했던 김장한의 친형으로 한국전쟁 발발 직후 신문사 도쿄 특파원으로 부임해 영친왕을 처음 만난 이후, 영친왕이 세상을 뜨기까지 그에게 헌신하며 귀국 등을 위해 애썼습니다.

1961년 11월 12일에 미국을 방문하던 도중 일본 도쿄에 들렀던 국가재건최고회의 의장 박정희는 영친왕비 이방자와 만나 영친왕과 덕혜옹주의 귀국에 대한 협조를 약속했습니다. 덕혜옹주는 1962년 1월 26일에 대한민국으로 영구 귀국하였고, 2월 8일에 '이덕혜'로 대한민국 국적을 회복하였습니다. 귀국 당일 김포공항에는 유치원을 함께 다니고 소학교 동창이었던 민용아와 당시 72세의 유모 변복동이 마중을

홍유릉 부속림에 묻힌 덕혜옹주의 묘 (사진 이상훈)

나왔습니다. 이어 창덕궁 낙선재에 들러 순정효황후 윤씨를 만난 후에 서울대학교병원에 곧바로 입원하였습니다. 1967년 5월에는 병세가 안정되어 병원에서 퇴원하여 창덕궁의 수강재에서 기거하였습니다. 이후 소 다케유키가 덕혜옹주를 만나기 위해 낙선재로 찾아왔지만 관계자들에 의해 면담이 거부되어 두 사람은 만나지 못했습니다. 병든 옹주는 사람들을 보고도 무심하게 전혀 의사 표현이 없이 무표정이었으나 가끔 슬픈 얼굴로 딸 마사에를 찾았습니다. 그리고 1989년 4월 21일 창덕궁 수강재에서 그녀의 슬픈 삶을 마감한 채 경기도 남양주의 홍유릉 부속림에 안장되어 아버지 곁에 묻혔습니다.

준명당 뒤편 후원 가는 길

전각의 뒤편으로 와보니 준명당 뒤에 있는 굴뚝이 보입니다. 경복궁이나 창덕궁에 있는 굴뚝은 꽃담 치장을 하고 그 화려한 자태를 뽐내는데, 덕수궁의 굴뚝은 길상문 정도만 단정히 올리고 있네요. 준명당 뒤쪽으로는 산책로가 이어집니다.

덕수궁이 그렇게 넓은 면적은 아니지만 궁궐 전각 뒤편으로 난 산책로는 봄이면 꽃들이 만발하고 여름에는 시원한 그늘을 만들어주어서 발걸음이 끌리는 곳입니다. 천천히 숲내음을 즐기다 보면 산책로는 석조전 뒤편으로 연결됩니다. 시간에 쫓겨 서두르지 않아도 되는 덕수궁만의 매력, 그 숲길을 산책해보시겠습니까.

준명당 뒤편의 겨울 정경

준명당 뒤편의 봄

준명당 뒤편의 가을

후원 산책로를 따라 걷다 보면 담장 너머로 영국대사관이 보입니다.

준명당 뒤편으로 연결된 산책로

산책로의 가을 숲길입니다.

서조전 뒤편 후원으로 안내하는 계단

덕수궁 서문 쪽에 오래 된 마로니에 나무가 있습니다.

덕수궁 서문의 가을

석조전은 국권을 빼앗긴 1910년 준공되어 대한제국의 정전으로 사용되지는 못했다. 이름 그대로 돌로 지은 이 집은 대한제국 시기에 지어진, 한국에서 가장 오래된 신고전주의 양식의 석조 건물이다.

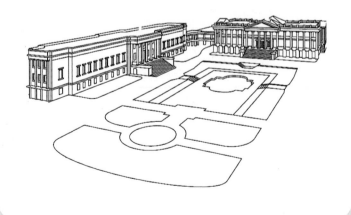

8

석조전,
황제가 꿈꾼 근대화

중화전과 석조전이 이웃하고 있는 겨울 전경입니다.

석조전

　석조전은 정면에서 보기에도 그 스케일이 장대한(정면 54미터, 측면 31미터) 3층짜리 서양 건축물입니다. 이름 그대로 돌로 지은 이 집은 대한제국 시기에 지어진, 한국에서 가장 오래된 신고전주의 양식의 석조 건물입니다. 그 동쪽에는 덕수궁의 법전 중화전이 이 서양 건물과 100년 넘게 이웃하고 있습니다. 정동에 위치한 덕수궁의 역사적 입지 조건으로 볼 때 외국 공관을 비롯한 서양 문물의 영향은 상당했는데, 이 석조전은 대한제국 당시 우리의 현실을 보여주고 있는 듯합니다.

석조전과 바로크식 분수대

석조전 앞 바로크식 정원의 등나무 쉼터

　석조전은 대한제국의 재정고문(총세무사)이었던 브라운(John McLeavy Brown)이 주도하여 1898년 영국인 하딩(J. R. Harding)이 기본 설계를 하고, 내부 설계는 영국인 건축기사 로벨(Lovell)이 담당했습니다. 그리고 심의석, 세레딘 사바틴(Seredin-Sabatin), 일본인 오가와 게이기치(小川敬吉), 영국인 데이비슨(M. H. Davidson) 등의 감독 아래 1900년에 짓기 시작해서 1910년 6월에 완공했습니다. 최근에 발견된 1898년 설계도 원본에 따르면 고종은 대한제국을 선포할 즈음, 하딩에게 황궁(석조전) 설계를 맡겨 명실상부한 제국의 위용을 갖추려 했음을 알 수 있습니다. 하지만 석조전은 국권을 빼앗긴 1910년 준공되어 대한제국의 정전으로 사용되지는 못했습니다.

대한제국의 상징인 석조전 입구입니다.

석조전 양식

석조전은 그리스나 로마 신전 건축을 그 원형으로 하는 신고전주의 양식의 집입니다. 그리스풍의 신고전주의 양식은 건물이 기단 위에 올라가 있고, 전면에 기둥이 줄지어 서 있으며, 지붕에는 삼각형의 박공(膊栱)을 설치하는 것이 특징입니다. 석조전을 바라보면 바로 이 특징을 고스란히 보여주고 있습니다. 그리고 건물 정면 박공(페디먼트, pediment) 부분의 팀파눔(tympanum: 박공의 삼각 벽)에는 대한제국의 오얏꽃 문장이 새겨져 있습니다.

석조전 건물 정면의 오얏꽃 문양

석조전 건물 외관(왼쪽)과 대영박물관 외관(오른쪽)의 이오니아식 주두

석조전의 기둥을 보면 이오니아식 주두를 가지고 있어서 지나치게 화려하지 않고 우아한 분위기를 연출하고 있습니다. 신고전주의 양식에 르네상스 양식을 가미한 이른바 콜로니얼 스타일 건물로서 같은 모양의 건물이 18세기 이후 영국 식민지의 여러 곳에 세워졌습니다. 영국의 대영박물관은 신고전주의 건축 양식의 대표적인 건물로 외형상 석조전과 아주 흡사한 것을 알 수 있습니다.

고종 황제가 대한제국의 출발점에 경운궁을 세우고 근대 국가로 나아가는 시점에서 서양 건축 양식을 궁궐에 받아들인 것은 역사적 의미에서 중요한 일입니다. 석조전은 대한제국이 추구했던 근대 국가로의 지향점에 있어서 서양의 힘을 상징하는 것이었습니다. 궁궐에 있는 다른 전통 방식의 전각에는 그 집이 지니는 의미와 함께 이름이 지어집니다. 즉조당이라든가 석어당의 집 이름이 갖는 무게감이 그런 예입니다.

그런데 석조전 건축은 고종의 큰 포부를 상징적으로 드러내는 광대한 프로젝트였음에도 그 집 이름에 어떤 의미를 보여주기는커녕 "돌로 지은 집이니 석조전이다"라고 했습니다. 지금이야 100년도 넘게 우리가 불러주는 이름이니 익숙해지기도 했겠지만, 역사학자들에게는 석조전의 덩치 자체가 전통적인 역사 공간에 너무 압도적이고, 우리의 주체성을 버린 결과물로 궁궐에 어울리지 않고, 이름도 전통에서 벗어나고…참 못마땅한 게 많습니다.

"원형을 되살려 경운궁의 본모습을 찾아야 한다"라고 말할 수 있겠으나, 그러면 어디까지가 역사적 정통성을 보여주는 원형일까요. 네, 우리는 경복궁의 일제 조선총독부 청사로 지은 중앙청 건물을 헐어내고 그 자리에 흥례문과 영제교 영역을 살려냈습니다. 이 중앙청 건물은 우리의 정체성을 파괴할 의도로 일제가 세운 것이니, 그 자리에 세운 건물을 치우고 원래의 영역을 되살린 것입니다. 그리고 광화문의 축이 틀어졌다고 해서 그것도 다시 복원했지요.

지금의 석조전을 보는 시각을 그렇게 부정적으로 해석할 필요는 없다고 생각합니다. 대한제국 시대에 서양 건축을 받아들이는 시점에서 우리에게는 아주 생소했던 건축재인 돌로 지은 집은 근대화의 상징이었으며 매우 획기적인 일이었으니, 당시로는 그 외양만으로도 충분히 의미 있는 석조전이었습니다. 그리고 시대적 상황이야 어찌되었든 그 시점에서 석조전을 선택한 주체는 바로 우리였던 것입니다.

이오니아식 주두로 장식된 석조전 기둥

석조전 복원

　　석조전은 고종 황제의 집무실과 외국 사신들의 접견실로 사용할 목적에서 지어졌습니다. 전체 3층 건물로 지상 층에서는 시종들이 대기하고, 1층은 황제의 접견실, 2층은 황제와 황후의 침실과 응접실로 계획되었습니다. 전통 궁궐의 전각들이 사용하는 사람의 신분과 그 용도에 따라 그 위상을 달리하고 구분해서 썼던 것을 생각하면 아주 파격적인 공간 구성을 받아들인 거였지요.

　　실제로 석조전은 황궁의 정전으로 계획되었으나, 1900년 착공해서 1910년에야 준공되어 대한제국이 제대로 사용하지는 못했습니다. 준공 이후 유학을 빌미로 일본으로 끌려갔던 영친왕이 귀국했을 때 잠시 임시 숙소로 사용하였고, 1922년 이후로는 덕수궁이 방치되면서 석조전도 사용되지 않았습니다. 대한제국의 황궁 경운궁 안에 근대로 나아가려는 고종 황제의 의지로 건립된 석조전은 1919년까지 대한제국 황실이 사용하다가 1933년 이후 이왕가미술관, 미소공동위원회 사무실로 쓰였고, 해방 후에는 국립중앙박물관, 궁중유물전시관으로 사용되면서 대한제국기의 원형이 훼손되었습니다.

　　문화재청은 석조전의 내부를 1910년 준공 당시 대한제국기의 원형을 살려 2009년부터 2014년까지 복원하고, '대한제국 역사관'으로 개관하여 일반에 공개했습니다.

● 석조전 외벽 장식등

❖ 석조전 연혁

1910년 : 준공
1911~1923년 : 영친왕 귀국 시 임시 숙소
1933~1938년 : 덕수궁미술관
1938~1945년 : 이왕가미술관
1945년 이후 : 민주의원 의사당
1946~1947년 : 미소공동위원회 회의장
1948~1950년 : UN 한국임시위원단 회의장
1954년 : 국립박물관
1973~1986년 : 국립현대미술관
1987~1992년 : 문화재관리국
1984년 : 왕실유물전시관
1992~2004년 : 궁중유물전시관
2005~2009년 : 덕수궁사무소
2009~2014 : 석조전 복원 공사
2014년 : 석조전 대한제국역사관

석조전 지층부

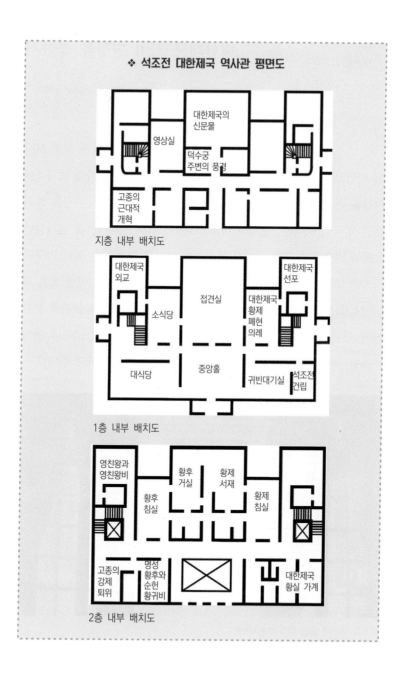

❖ 석조전 대한제국 역사관 평면도

지층 내부 배치도

1층 내부 배치도

2층 내부 배치도

대한제국 시기 원형을 찾아서

　　현 대한제국역사관은 석조전 준공 당시의 원형을 살려 사진을 바탕으로 당시의 상황을 재현하는 공간과, 대한제국기의 역사적인 사건을 전시하는 방으로 꾸며 놓았습니다. 석조전 내부는 건립을 발의했던 영국인 브라운, 설계자 하딩, 그리고 내부 인테리어를 담당했던 로벨의 작업으로 모두 영국식 분위기를 보이고 있습니다. 특히 가구의 장식은 모두 영국 메이플사 제품으로 배치되었던 것으로, 이번 복원 과정에서도 당시의 자료 사진을 바탕으로 창덕궁이나 고궁박물관에 보관되어 있던 원본으로 배치하고, 없는 것은 메이플사의 1910년대 엔틱 가구를 구입하거나 원형을 최대한 살린 가구로 재현했다고 합니다.

석조전 내부의 고종 어진 (사진 황은열)

● 황실 문장인 황금 이화문장

 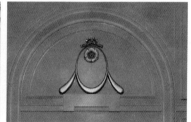

(사진 황은열)

1층의 중앙홀, 황제 접견실과 귀빈 대기실은 그 당시 사용하던 가구와 집기들을 실제 상황으로 꾸며 놓아 마치 이곳에서 대한제국의 황제를 곧 접견할 수 있을 것 같은 상상을 하게 합니다. 특히 황제를 폐현(陛見: 황제를 알현하는 일)하는 접견실은 대한제국의 황실 문장인 이화문(오얏꽃 무늬)을 가구와 인테리어에 장식하였습니다.

그런데 석조전을 온통 돌로 지은 집이라고 생각하면 오산입니다. 유럽의 이런 식의 건축은 모두 벽돌을 구조체로 쓰고 마감만 석조로 합니다. 대식당은 석조전에서 서양인들을 대접할 때 코스 요리가 제공되었던 당시의 모습으로 재현해 놓은 화려한 방입니다. 이 방의 한쪽 벽면을 마감하지 않고 석조전의 벽체 구조를 볼 수 있게 노출시켜서 내부의 적벽돌 쌓기를 그대로 보여주고 있습니다. 즉, 석조전의 외형은 화강암으로 마감하였지만, 안쪽 벽면은 적벽돌을 쌓고 천장은 철골빔으로 지탱하고 있는 구조입니다. 그 옆에는 세로로 쇠파이프 두 줄이 보이는데, 새끼줄로 감아 놓은 온수용 파이프로 해방 후에 설치했을 것으로 추정하고 있습니다.

(사진 황은열)

복원된 석조전 1층 황제 접견실의 재현 현장입니다.

황제 접견실 내부

● 석조전 1층 중앙홀

중앙홀은 1층과 2층이 이어져 있는 공간으로, 화려한 인테리어가 돋보이는 곳이다. 이곳에서 고종의 가족사진과 영친왕의 기념사진 촬영이 많이 이루어졌다. (사진 황은열)

1911년 중앙홀에서 영친왕(왼쪽에서 여섯 번째)과 대신들 (국립고궁박물관 소장)

● 석조전 1층 둘러보기

귀빈 대기실은 황제를 접견하기 전에 귀빈들이 대기하는 장소였다. 이곳에서 간단하게 샴페인 등을 마시며 기다렸을 것으로 보인다. (사진 황은열)

대식당은 공식적인 행사 후 연회를 베푼 곳으로, 서양식 코스 요리의 식기 세트가 재현되어 있다. (사진 황은열)

석조전 2층

석조전 대한제국역사관의 내부 1층은 대한제국 황실의 공식적인 행사를 진행한 공간이며, 2층은 황실 인물의 개인적인 생활공간으로 나뉩니다. 1층 중앙홀의 양쪽으로 계단이 있어 2층으로 올라가게 되어 있습니다. 계단의 철재 난간 장식은 유럽의 ✿아르누보(Art Nouveau) 양식으로 곡선이 매우 아름다운 특징을 보입니다.

2층으로 올라가면 황실 가족의 개인공간으로 황제와 황후의 침실, 서재 등이 있습니다. 물론 이 생활공간은 당시 주로 함녕전에 머무르던 고종 황제가 사용하지 않았고, 황후의 침실도 순헌황귀비 엄씨를 위해 계획된 공간이었으나 석조전 준공 직후 순헌황귀비가 별세하여 사용하지 못했습니다. 후에 영친왕이 귀국했을 때 황제 침실과 서재를 사용한 것으로 알려져 있고, 황후의 침실은 1922년 귀국한 영친왕비가 사용했다는 신문기사가 전해지고 있습니다.

황후의 거실에 놓인 가구는 당시의 메이플사 카달로그에 많이 있는

✿ 아르누보 : 19세기 말에서 20세기 초에 성행했던 유럽의 예술 사조. 프랑스어로 '새로운 미술'을 뜻한다. 아르누보는 자연물, 특히 꽃이나 식물 덩굴에서 따온 장식적인 곡선을 특징으로 삼고 있다. 예술가가 건축에서 가구까지 삶의 예술에 관한 모든 부분에 대해 작업해야 한다는 입장에서 접근한다. 아르누보가 20세기의 모더니즘 양식의 발생으로 인하여 쇠퇴할 때까지, 신고전주의와 모더니즘을 이어주는 중요한 가교 역할을 했다.

석조전 2층 바깥 테라스 (사진 황은열)

제품으로 황실에서 별도 주문을 하여 제작한 가구가 아니라 가구회사의 기성품을 수입했다는 것을 알 수 있습니다.

2층 테라스로 나가면 석조전의 이오니아식 기둥을 가깝게 볼 수 있고, 분수가 있는 바로크식 정원과 함께 덕수궁의 전경이 한눈에 들어옵니다. 이곳에서 황제는 망국의 치욕을 곱씹었을 테고, 1911년 순헌황귀비의 상을 당해 귀국한 영친왕은 위생상의 이유를 들어 빈전에 들어가지 못하자 석조전 누상에서 어머니가 계신 곳을 바라보며 슬퍼했다고 합니다. 테라스에서 영친왕이 어릴 때 찍은 사진이 남아 있습니다.

● 아르누보 난간 장식

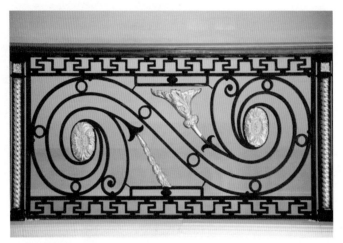

석조전 2층 계단 난간 장식 (사진 황은열)

프랑스 루브르 박물관의 계단 난간 장식

석조전 계단의 아르누보 난간 장식

● 석조전 2층 황제의 침실과 서재

황제의 침실. 영친왕이 일본에서 귀국했을 때 머물렀다. (사진 황은열)

황제의 서재 (사진 황은열)

● 석조전 2층 황후의 침실과 거실

황후의 침실. 영친왕비가 1922년 귀국 당시 사용했다. (사진 황은열)

황후의 거실 (사진 황은열)

● 석조전 2층 복도

석조전 2층 복도. 1층 중앙홀과 이어져 있으며, 테라스로 나가면 석조전 전경을 감상할 수 있다. (사진 황은열)

석조전 2층 복도에서 어린 영친왕(왼쪽에서 일곱 번째)과 대신들 (국립고궁박물관 소장)

석조전 2층 바깥 테라스의 난간 장식

석조전 2층 테라스로 나가는 문입니다.

석조전 2층 테라스 문

석조전 2층 테라스에서 보는 덕수궁 서관입니다.

석조전 2층 바깥 테라스

순헌황귀비와 조선의 마지막 황태자

1897년 ✿순헌황귀비는 고종의 일곱 번째 아들 이은(李垠)을 출산했습니다. 그리고 1900년 8월에 태황제 고종은 대한제국 수립 이후 후사를 얻지 못한 순종의 황태자로 이은을 결정했습니다. 하지만 1910년 한일강제병합으로 황태자에서 '왕세자'로 격하된 이은은 1926년 순종이 붕어한 뒤 영친왕(英親王)에 책봉되어 '이왕'의 지위를 계승했습니다.

영친왕은 11세 때인 1907년 유학을 명목으로 일본으로 건너갑니다. 이토 히로부미는 신학문 교육이라는 명분을 내세워 영친왕의 일본 유학을 강행했는데, 이는 사실

순헌황귀비 엄씨 (국립고궁박물관 소장)

✿ 순헌황귀비 : 순헌황귀비 엄씨(1854~1911)는 대한제국 고종 황제의 후궁으로 대한제국 성립 이후 황비로 책봉되었다. 을미사변 직후 고종을 측근에서 모신 지밀상궁으로 이은(영친왕)을 출산했다. 조선의 사학 교육에 관심을 보인 순헌황귀비는 내탕금을 하사하여 1905년 양정의숙(현 양정고등학교)을 세우고, 1906년 진명여학교(현 진명여자고등학교)와 명신여학교(현 숙명여자고등학교)를 세웠다.

상 볼모나 마찬가지였습니다. 이때 고종과 순헌황귀비는 황태자가 방학 때마다 본국을 방문할 것을 조건으로 유학을 허락했지만, 영친왕은 순헌황귀비가 사망하는 1911년까지 귀국하지 못했습니다. 어린 영친왕은 일본에 건너가기 전 창덕궁 낙선재에 1년간 머물렀는데, 이는 영친왕을 볼모로 데려가기 위해 부왕인 고종과 순헌황귀비로부터 정을 떼기 위한 일본의 사전 조처였습니다. 일본으로 끌려간 영친왕은 고국을 몹시 그리워해 낙선재 뜰에 깔린 조약돌을 보내달라는 편지를 전해오기도 했습니다. 마침 일본에 가는 인편에 조약돌을 보내주었더니 영친왕은 그 돌을 어루만지며 눈물을 흘렸다고 합니다.

조선의 ✿왕공족(王公族) 자녀는 학습원(學習院: 일본의 황족과 귀족 자제들을 위한 교육기관) 또는 여자학습원에 취학하였습니다. 또 일본의 황족 남자와 동등하게 왕공족 남자는 만 18세가 되면 육해군의 군인이 되어야 했습니다. 이로 인해 영친왕은 1911년 1월 9일에 학습원 중등과에 입학하여 8개월 남짓 수업을 받았습니다. 그리고 일본의 사관학교에서 고된 훈련을 받았는데, 당시 점심으로 주먹밥을 먹는 장면을 촬영한 필름을 보던 순헌황귀비는 애통해하다가 급체한 적도 있다고 합니다.

어린 영친왕을 일본으로 떠나보낸 후 아들을 그리워하던 순헌황귀비는 1911년 장티푸스에 걸려 고생하다가 결국 7월 20일 덕수궁 즉

✿ 왕공족 : 한일강제병합조약 이후 일제는 대한제국 황족에 대해 일본 황족에 준하는 신분을 규정하게 된다. 순종효황제와 그 가족 그리고 고종태황제를 '왕족'이라 하고, 나머지 대한제국 황족의 방계를 '공족'이라고 칭하였다. 이 제도는 조선 귀족 및 화족 제도와 함께 제2차 세계대전 이후 1947년에 폐지되었다.

조당에서 향년 57세로 세상을 떠났습니다. 영친왕은 어머니의 장례를 치르기 위해 7월 23일 귀국했다가 장례가 끝나자마자 8월 2일 도쿄로 돌아갔습니다. 순헌황귀비는 아들을 순종의 후계로 만들어 황실 내에서의 입지를 든든히 해주었으나, 나라의 정세는 오히려 영친왕의 생애를 불행하게 만들었습니다.

영친왕은 1915년 일본중앙유년학교 본과를 졸업한 뒤, 1917년 일본 육사를 졸업하였습니다. 그해 말 일시 귀국하여 체류하고 다시 일본으로 돌아갔습니다. 그리고 1916년 8월 3일 갑작스럽게 영친왕과 일본 황족 나시모토노미야 마사코(梨本宮方子: 한국 이름 이방자)의 결혼이 발표되었습니다. 그로부터 2년 뒤 1919년 1월 25일 결혼식이 결정되었다고 공개되었습니다. 이 날은 파리강화회의가 열리는 시점으로 일본으로서는 세계 열강이 모이는 한자리에서 한일 간 내선일체의 상징을 알리는 절호의 기회였습니다.

그리고 결혼식 불과 나흘 전인 1919년 1월 21일 오전, 고종이 갑작스레 승하했습니다. 일본은 이듬해 1920년 4월 28일 영친왕의 결혼식을 강행했습니다. 이는 고종의 삼년상도 마치기 전이었으며, 고종의 죽음으로 반일 감정이 치솟았던 시기에 황태자와 일본 여인의 결혼 소식은 전 조선을 분노케 했습니다. 이에 〈독립신문〉은 1920년 5월 8일 "금일부터 영친왕으로 존칭하기를 폐하리라, 영친왕이던 이은은 부모도 없고 나라도 없는 금수(禽獸)이므로"라는 글을 기재하기도 했습니다.

영친왕은 이방자와 혼인하여 이듬해 장남 이진(李晋)을 얻었습니다. 그러나 영친왕 부부는 1922년 고국을 방문했다가 아들 진을 잃었는데, 이방자는 아들이 독살당했다고 믿었습니다. 그리고 1931년 차남

236

영친왕과 이방자 여사 (국립고궁박물관 소장)

구(玖)가 태어났습니다.

영친왕은 일본육군사관학교 교관과 일본육군사관학교 예과 교수부장 등을 거쳐, 일본군 장성(將星)으로 승진했습니다. 1940년 육군 중장이 되었고, 종전까지 제1항공군 사령관과 군사참의관을 맡았습니다. 그 뒤 1945년 8월 일본에서 일본 패망을 맞이하였고, 1947년 왕공족 제도가 폐지됨에 따라 신적강하에 의해 이왕의 자격을 잃고 평민으로 강등되었습니다. 이에 따라 다른 황족들은 연합사령부의 정책으로 위로금을 지급받은 반면에, 군인이었던 영친왕은 위로금을 받을 수 없었습니다.

해방 후 미군정기에 영친왕의 귀국은 거절당했고, 그는 재일한국인으로 일본에 머물렀습니다. 별다른 직업을 구하지 못했던 그는 이때부터 곤궁한 생활을 전전하면서 건강이 급격히 악화되었습니다. 이방자 여사가 생업 전선에 뛰어들었고, 일본 황실과 재일조선인 중 양반 출신이었던 몇몇 사람이 보내주는 후원금으로 겨우 생계를 유지했습니다. 1948년 8월 15일 대한민국 정부 수립 이후에도 그의 귀국은 허락되지 않았습니다. 그는 귀국을 희망하였으나 당시 이승만 대통령의 반대로 좌절되었고, 해방 이후 미국으로 이민을 가려고 했으나 이 또한 좌절되었습니다. 그가 일본 황족의 딸과 결혼했다는 사실과 일본군 육군 중장까지 지냈다는 점이 불리하게 작용하였던 것입니다.

1960년 제2공화국 출범 이후 영친왕의 귀국설이 일시적으로 제기되었으나 곧 덮어졌습니다. 1961년에 아들 부부가 있는 하와이 주를 방문했다가 귀가하던 중 영친왕은 뇌출혈이 재발하였고, 1963년 혼수상태인 채로 56년 만에 고국의 땅을 밟았으나 곧바로 성모병원에 입원해 끝내 회복하지 못했습니다. 이후 영친왕은 7년간 병상에 누워 한마디 말도 못하고 깊은 한을 품은 채 1970년 5월 1일 영면했습니다.

영친왕의 죽음은 국권을 박탈당한 황족이 겪어야 하는 비참하고 서글픈 최후였습니다. 마지막 가는 길의 영친왕은 의식 불명 상태였지만, 그가 어릴 적 지내던 창덕궁 낙선재로 돌아와 생을 마감했다는 것이 위안이 되었는지도 모르겠습니다. 그리운 조국으로 돌아왔지만 나라를 빼앗긴 왕족이라는 죄과 때문에 역사와 백성 앞에서 유구무언일 수밖에 없는 왕가의 업보를 상징적으로 보여주는 최후였습니다.

석조전 서관, 덕수궁미술관

석조전 서쪽 테라스 복도로 연결되는 서관은 1937년 나카무라 요시헤이(中村與資平)가 설계해서 이왕직박물관으로 지어졌습니다. 석조전 서관은 석조전과 외형을 비슷하게 하면서도 철근 콘크리트로 지어 건축 재료의 변화를 보여줍니다. 1950년 한국전쟁 중 전화(戰火)를 입어 석조의 구조만을 남기고 대부분 소실된 것을 1953년 수리하였으며, 현재 국립현대미술관 분관으로 활용되고 있습니다.

덕수궁미술관은 등록문화재이면서도 일제가 지었다는 이유로 그 가치를 제대로 인정받지 못하고 있는데, 석조전 권역의 일부분인 그 자체로 근현대 건축사의 중요한 자료입니다. 그리고 석조전과 연결되는 복도 공간은 참 매력적인 구조를 보여주고 있습니다.

여섯 개의 코린트 양식으로 기둥을 강조한 석조전 서관입니다.

서관인 덕수궁미술관에서 바라본 정원과 중화전입니다.

석조전과 서관인 덕수궁미술관을 연결하는 다리입니다.

석조전 서관으로 가는 통로에서 바라본 풍경

석조전 앞의 능수벚나무와 배롱나무는 철따라 아름다운 꽃을 피워 이곳의 현대적인 정원을 더욱 빛내주고 있습니다. 석조전 계단에서 정원을 내려다보면 그 전체 입면이 더 시원하게 보입니다. 정원 한복판에 시원한 물길을 뿜어내는 분수가 있고, 정원의 사방에서 계단으로 분수에 접근할 수 있게 설치해 놓아 마치 유럽 궁전의 정원을 보는 듯합니다. 사실 우리네 전통 조경의 관점에서만 본다면 지금 석조전 앞의 분수는 '물은 아래로 흐른다'는 동양의 전통적 자연관을

석조전 앞의 배롱나무

한여름의 분수대 정경 (사진 황은열)

거스르는 일이니 우리 조경에는 맞지 않는 구성 요소입니다. 그러나 석조전이 서양의 건축 양식으로 지어졌고, 그 앞의 정원도 자연스레 유럽 궁정의 바로크식 정원으로 조성한 것입니다.

처음 석조전이 완공된 시점에 헨리 윌리엄 데이비슨이 설계한 대칭형 꽃 모양의 바로크 정원이 석조전 앞에 있었다고 합니다. 원래 1910년 석조전이 준공될 당시에는 유럽식 바로크 정원에는 분수가 없었고, 거북상이나 물개상은 모두 일제에 의해 나중에 조성된 것임을 사진을 통해 확인할 수 있습니다. 분수대가 등장한 것은 일본 건축가 나카무라 요시헤이가 덕

1938년 세워진 거북상 분수대 (서울역사박물관 소장)

분수대 정원을 중심으로 석조전, 덕수궁미술관, 중화전이 구성되어 있다.

수궁미술관(1936년 완공)의 설계를 시작한 1927년에서 1929년 사이로 추정하는데, 분수대 주변의 장식 조각도 거북이에서 물개로 바뀐 것을 두고 논란이 많았습니다. 물개상은 1940년에 등장한 것으로 보입니다. 그리고 이전까지 석조전을 중심으로 배치했던 정원을 서관이 완공된 후 석조전·덕수궁미술관·중화전의 세 건물 중앙에 재구성했습니다.

● 덕수궁의 해시계

덕수궁 서관 앞 해시계

분수대 앞 해시계와 받침대

돈덕전 현판 (국립고궁박물관 소장)

● 1907~1910년 경운궁 배치도

흥덕전(소실)
선원전(소실)
흥복전(소실)
영성문(소실)
사성당(소실)
의효전(소실)
양화당(소실)
러시아공사관
홍원 일대(수학원)
구성헌(소실)
미국공사관
영국공사관
준명당
즉조당
환벽정(소실)
정관헌
경효전(소실)
흠문각(소실)
함녕전
중명전
포덕문
만희당(소실)
돈덕전(복원)
광명문
평성문(소실)
대안문
(대한문)
중화전
인화문(소실)
중화문
조원문(소실)

9

돈덕전,
순종 황제 즉위하다

복원된 돈덕전의 화려한 프랑스식 외관입니다.

돈덕전(惇德殿)은 덕수궁 경내 석조전 뒤편에 있었던 건물입
니다. 정관헌을 비롯한 덕수궁의 양관(洋館) 중 하나로 러시아(현 우크라
이나 지역) 건축가 세레딘 사바틴이 설계한 것으로 알려져 있습니다. '돈
덕(惇德)' 뜻은 《서경書經》의 〈순전舜典〉에 '덕(德) 있는 이를 도탑게(惇) 하
여 어진 이를 믿는다'에서 유래했습니다.

돈덕전의 면적은 건평 약 350평, 연 700평이었다고 합니다. 그리고
함석지붕으로 앞뒤에 서로 크기가 다른 튜렛(turret: 망루, 작은 탑 모양의
부속 건물) 3개를 세워 르네상스와 고딕 양식을 절충한 형태로 남면에는

1910년대 돈덕전 전경 (국립중앙박물관 소장)

1, 2층 모두 발코니에 아치를 세워 장식했습니다. 《조선병합사》에서 돈덕전 내부를 묘사한 기록에는 "100평 넓이의 홀에 대원주 6본이 서 있으며, 대원주마다 금색 용 조각이 새겨져 있고, 서벽과 창은 홍색 및 황색 금수로 치장해 두었으며, 옥좌·탁자·교자 등은 금색 찬란했다"고 적혀 있습니다.

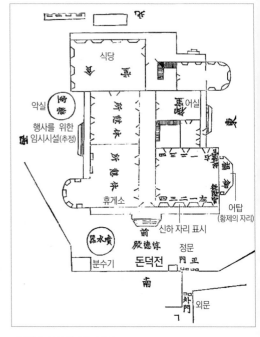

1907년 돈덕정 2층 평면도 (국립중앙박물관 소장)

1902년(광무 6) 10월에 있을 '고종 즉위 40주년 기념 칭경예식'을 치를 목적으로 돈덕전을 짓기 시작했는데, 여러 사정으로 공사의 진척이 늦어졌습니다. 이후 돈덕전이 언제 완공했는지 정확히 알 수 없지만, 〈황성신문〉 1903년(광무 7) 4월 6일자 기사에 칭경예식 장소와 관련하여 돈덕전 언급이 있는 것을 보아 적어도 그 이전에 완공했다는 것을 알 수 있습니다. 1902년 계획한 칭경예식 행사는 1903년 4월 다시 언급하고, 그 이후로 여러 차례 연기를 계속하다가 결국 개최하지 못했습니다.

1904년(광무 8) 4월에 일어난 경운궁 대화재 때 주요 건물들은 불타 사라졌지만, 돈덕전은 무사했습니다. 돈덕전은 황제가 신하들을 접견하는 용도로 사용했으며, 고종은 돈덕전에서 각국의 공사와 사절들을 만나고 연회도 열었습니다. 1906년(광무 10)에는 황태자(순종)와 황태자

252

돈덕전 복원 조감도

비(순정효황후 윤씨)의 가례 때 연회장으로 사용했습니다.

처음 돈덕전의 위치는 경운궁(덕수궁) 영역 밖에 있다가 1901년(광무 5) 경에 경운궁으로 편입된 것으로 보입니다. 그리고 1910년에 석조전을 완공하고 서쪽 궁장을 확대하면서, 돈덕전이 비로소 덕수궁 영역으로 들어왔습니다.

1919년 고종 승하 후 덕수궁은 비어 있었고, 돈덕전도 방치되다가 그 후 어느 때인가 없어졌습니다. 1921년 7월 25일자 〈동아일보〉 기사에는 돈덕전을 설명하는 글과 사진이 게재되어 있는데, 1926년에 경성부 시내를 촬영한 항공 사진에 돈덕전이 보이지 않으므로 그 사이에 철거된 듯합니다.

문화재청은 2017년까지 돈덕전 복원을 위한 발굴조사를 실시했고, 2018년부터 설계 및 복원 공사를 시작하여 2023년 하반기까지 완공할 예정입니다.

순종 황제 즉위식

순종은 1907년(광무 11) 7월 19일의 중화전에서 권정례(權停禮: 절차를 다 밟지 않고 진행하는 의식)로 즉위했고, 1907년(융희 원년) 8월 27일 돈덕전에서 즉위식을 거행했습니다. 그런데 중화전에서 거행했다는 순종의 즉위는 고종이 대리청정을 명한 순종에게 진하(陳賀: 조정에 모여 임금에게 축하를 올리는 일)하는 예식이었습니다. 당시 고종은 을사늑약의 무효

서양식 의자에 앉은 순종 황제 (문화재청 소장)

를 세계에 알리려고 헤이그에 특사를 파견하였는데, 이 사건을 빌미로 일제로부터 퇴위를 압박받았습니다. 이에 고종은 양위 대신 황태자 순종에게 대리청정을 명하고 신하들이 대행으로 예식을 치른 것입니다. 그런데 일제는 이를 즉위식으로 포장하여 고종의 강제 퇴위를 기정사실화 해버렸습니다. 그렇게 황제위에 오른 순종의 정식 즉위식을 돈덕전에서 거행한 것입니다.

1907년 고종 황제 퇴위 후 돈덕전 베란다에 나온 고종과 순종, 그리고 영친왕
(국립중앙박물관 소장)

일반 관람객들은 덕수궁을 찾았을 때 중화전이 갖는 무거운 역사성이나 석조전의 건축 양식이 전통과는 거리가 먼 외세의 영향이라는 심각한 인식보다는, 지금 내가 있는 이 공간과 시간 자체를 즐기기도 한다.

10

덕수궁을
돌아나오는 길목에서

연못 위로 나 있는 계단은 뒤편 산책로로 연결됩니다.

카페 돌담길과 연못

　　덕수궁을 둘러보고 나오는 길에 함녕전 영역 동쪽으로 잠시 쉬어가고 싶은 공간이 있습니다. 대한문 안 담장 오른편으로 관람객의 쉼터로 카페가 하나 있고, 그 뒤로 넓은 연못이 나무그늘에 가려 있습니다. 덕수궁을 찾았던 많은 관람객들은 작은 기념품 판매점이면서 찻집을 겸하고 있는 이곳을 아주 낭만적으로 기억하기도 합니다. 카페 뒤쪽으로 발코니 같은 나무 데크가 설치되어 있고, 그곳에 앉아 차 한 잔을 음미하며 연못을 바라보는 경치가 상당히 아름답기 때문입니다.

능수벚나무 사이로 보이는 카페

차 한잔이 그리운 카페의 불빛

바로 1960년대 서울시가 담장을 헐어내고 철장으로 뻥 뚫어놓고 연못
을 얼려서 스케이트장으로 만들었던 그 현장입니다.

　그런데 가까이 가보면 복원된 담장 안쪽으로 연못 주변의 나무들이
물에 비쳐 꽤 운치 있는 공간입니다. 연못 가운데에는 둥근 섬을 두어
소나무를 심었는데, 봄이면 아름다운 산철쭉이 화사하게 아름답게 만
개하고 연못 가장자리의 산책로도 계단을 따라 위쪽의 숲길로 연장됩
니다.

● 연지의 수로

용두 모양 수구

연지로 흘러들어가는 물길

● 연못의 사계

영산홍 핀 봄의 연못

春

녹음에 감싸인 여름

夏

秋

화려한 색으로 물든 가을

冬

적막에 감싸인 겨울

가을비 내리는 날 돌담길 카페에서 연못을 바라다봅니다.

붉게 물든 만추의 연못

복원의 딜레마

사실 카페와 연못이 위치해 있는 곳은 경운궁 시절 궐내각사 전각들이 있던 곳입니다. 하지만 일제강점기에 건물들이 헐려 나가고 덕수궁이 공원화되면서 그 빈자리에 연못이 조성된 것으로 보입니다. 황궁으로서의 역사를 되살리는 덕수궁 복원계획에 의해 마땅히 본 모습으로 복원되어야 할 영역입니다. 그러나 일반 관람객들은 덕수궁을 찾았을 때 중화전이 갖는 무거운 역사성이나 석조전의 건축 양식이 전통과는 거리가 먼 외세의 영향이라는 심각한 인식보다는, 지금 내가 있는 이 공간과 시간 자체를 즐기기도 합니다. 궁궐이라는 곳은 역사적으로 의미가 있는 곳이고, 또 그 역사에 걸맞은 전통을 고집하는 학자들의 생각과는 또 다른 반응입니다.

1960년대 겨울에는 연못을 얼려서 시민들이 스케이트를 타기도 했는데, 덕수궁 동쪽 궁장이 뒤로 물러나면서 연못의 규모도 축소되고 어느 시기엔가 정비를 하면서 가운데 둥근 섬을 두고 전통 방식으로 조성한 것으로 보입니다. 글쎄요, 이 연못에도 향원정이나 부용정의 연지와 같이 천원지방의 도교적 개념이 적용될 수 있을까요? 그 당시 이 연못에서 스케이트를 즐겼던 우리 시민들의 역사적 인식이 형편없었고, 뭐 경운궁인지 덕수궁인지의 개념조차도 별로 심각하게 생각하지 않았던 그 시기에도 우리들은 나름대로 이 공간을 즐기고 덕수궁을 사랑했던 것입니다.

1958년 당시 덕수궁 내의 연못을 얼려 만든 스케이트장

그러나 이제 우리 일반인들의 인식도 많이 성숙해지고, 당시 고종이 이 나라를 지키기 위해 얼마나 노력했는지까지도 함께 짚어가며 경운궁을 둘러보는 것 역시 궁궐을 사랑하는 시민들의 역사의식이라 생각합니다. 그렇기에 그동안 학자들의 꼿꼿한 고집으로 우리 역사를 제자리에 돌려놓으려는 노력 또한 크게 감사할 일입니다.

현재 덕수궁이 있는 서울특별시 중구 정동의 지명은 조선 초 태조의 계비 신덕왕후의 무덤인 정릉이 있던 곳을 정릉동으로 부르면서 시작되었다.

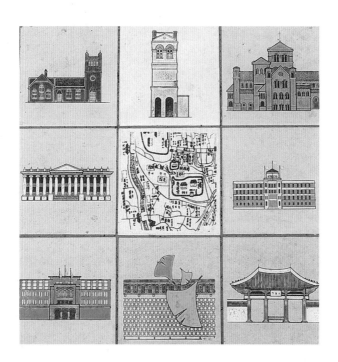

11

근대 역사의
정동길을 걷다

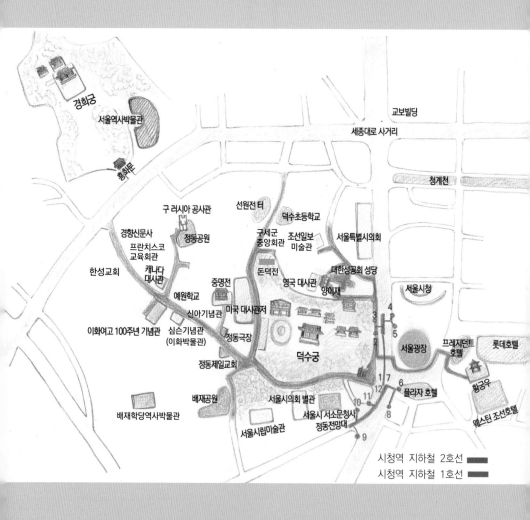

경희궁

서울역사박물관

흥화문

교보빌딩

세종대로 사거리

청계천

구 러시아 공사관   선원전 터
덕수초등학교

경향신문사   정동공원   구세군   조선일보   서울특별시의회
프란치스코   중앙회관   미술관
교육회관
한성교회   캐나다   돈덕전   대한성공회 성당
대사관   중명전   서울시청
예원학교   영국 대사관   양이재
신아기념관   미국 대사관저   서울광장
이화여고 100주년 기념관   심슨기념관   서울광장   프레지던트   롯데호텔
(이화박물관)   정동극장   덕수궁   호텔
정동제일교회   황궁우
배재공원   서울시의회 별관   플라자 호텔
배재학당역사박물관   서울시 서소문청사   웨스틴 조선호텔
서울시립미술관   정동전망대

시청역 지하철 2호선 ▬▬▬
시청역 지하철 1호선 ▬▬▬

덕수궁 돌담길

덕수궁 주변 정동 일대는 19세기 후반 외교의 중심지였습니다. 특히 영국공사관·미국공사관·러시아공사관 등은 물론 성공회 성당·정동제일교회 등이 들어서면서 수많은 외교사절들이 이곳을 무대로 활동했습니다. 당시 선교사들이 세운 배재학당, 이화학당도 이 일대에 들어섰습니다. 지금 덕수궁의 면적은 대한제국 시기의 3분의 1 규모에 불과하고 흔적도 없이 사라졌지만, 그 유서 깊은 현장을 이

덕수궁 돌담길의 야경

길을 통해 더듬어 볼 수 있습니다.

이제 덕수궁 돌담길을 따라서 아름다운 정동길을 걸어볼까요. 대한
문을 나서면 남쪽 궁장을 끼고 천천히 걸으면서 길을 느껴보는 것이
오늘의 답사입니다. 그냥 이 정동길의 분위기를 맡아보자는 이야기입
니다. 예전에는 오가는 사람들이 담장에 기대어 놓은 캔버스에 눈길을
주기도 하였고, 지금은 그냥 이 길에서 생기는 소실점의 한가운데에
나를 놓고 사진을 찍기도 합니다. 정동길은 이렇게 덕수궁 돌담을 따
라서 시작됩니다. 담장 너머로 내다보는 덕수궁의 수목도 이 길에 서
늘한 터널을 만들어주어서 궁 안에 있을 때보다 더 근사해 보입니다.

덕수궁 돌담길을 따라 걸어가다 보면 중간에 석축을 쌓아 사고석 담
장에 툭 튀어나온 부분이 보입니다. 그리고 그 맞은편의 서울시청별관

덕수궁 담장 밖 궐외각사로 연결되었던 육교 흔적

덕수궁 돌담길의 여름

담에도 석축 부분이 보입니다. 1902년 중화전을 영건하는 과정에서 남쪽 궁역을 넓히기 위해 독일공사관 부지를 매입하고 운교(雲橋: 구름다리)를 설치한 것입니다. 독일공사관은 언덕 위에 자리하고 있었고 경운궁과의 사이에는 길이 있었기 때문에 공사관 부지를 매입했다 하더라도 그 땅을 궁역으로 포함시킬 수는 없었습니다. 따라서 이곳에 궐외 각사를 두고 경운궁의 대지와 도로 건너편으로 구름다리를 놓았습니다. 평리원 검사였던 이준 열사의 회고록에 의하면, 평리원과 덕수궁 사이에 구름다리가 놓여 있어 고종이 자주 왕래했었다는 기록이 남아 있습니다.

길을 가다가 잠깐 서울시청 서소문별관 13층 전망대로 올라가서 덕수궁을 높은 눈높이에서 조망해보는 것도 좋습니다. 덕수궁 전경이 한눈에 들어오고 정동 일대의 풍물을 미리 살펴보고 길을 잡을 수도 있어서 좋습니다. 또한 카페도 문을 열었으니 차 한 잔과 함께 덕수궁을 풍경 삼아 담소를 나누는 시간도 덕수궁 산책에 즐거움을 더해줍니다.

덕수궁 돌담길의 백미는 아무래도 늦가을이겠지요.

첫눈 내리는 날 덕수궁 돌담길을 걸어보는 것은 어떨까요.

정동의 유래

　현재 덕수궁이 있는 서울특별시 중구 정동(貞洞)의 지명은 조선 초 태조의 계비 신덕왕후(1356~1396)의 무덤인 정릉(貞陵)이 있던 곳을 정릉동으로 부르면서 시작되었습니다. 태조 5년(1396) 태조의 계비 신덕왕후 강씨가 죽자 취현방(聚賢坊) 북녘 언덕에 장례를 지내고 정릉이라 했습니다.

　1392년 조선의 개국으로 강씨는 태조 1년 음력 8월 7일 조선의 첫 왕비가 되어 현비(顯妃)에 봉해졌습니다. 태조 이성계보다 21세 어린

정동전망대에서 바라본 덕수궁 돌담길의 봄

신덕왕후 강씨는 뛰어난 지략으로 조선 건국에 큰 영향력을 발휘하였던, 태조의 정치적 조언자였습니다. 정치적 야심이 컸던 그녀는 태조의 원비 신의왕후 한씨 소생의 장성한 왕자들을 제치고 자신의 아들에게 다음 왕위를 물려주려고 하였고, 정도전과 정치적 연합을 하였지요. 그리고 신덕왕후를 총애하였던 이성계는 그녀의 막내아들 의안대군 방석을 왕세자로 지명했습니다.

태조의 마음을 사로잡고 정도전 등의 힘을 빌려 아들 방석을 세자에 봉하면서 강씨에 대한 신의왕후 소생 왕자들의 분노는 극에 달했습니다. 아버지 이성계를 도와 조선 건국에 공이 컸던 정안대군 방원을 비롯한 신의왕후의 아들들 입장에서 후처 소생의 어린 아들이 왕세자가 된다는 것을 받아들일 수가 없었을 뿐만 아니라, 그중 가장 정치적 야

심이 컸던 다섯째 왕자 방원은 격분할 수밖에 없었습니다.

그리고 운명은 신덕왕후의 편이 아니었습니다. 왕후는 그녀의 어린 아들을 왕세자로 만들었으나 그 아들이 왕이 되는 것을 보지 못하고 마흔 한 살의 나이에 눈을 감았습니다. 1396년 음력 8월 13일 신덕왕후가 죽자 태조는 몹시 애통해하며 경복궁 망루에서 바라보이는 곳에 능을 세우고 '정릉'이라 했습니다. 정릉의 위치는 현 미국대사관저(또는 영국대사관) 일대로 추정됩니다. 이성계는 왕후의 명복을 빌기 위해 능 옆에 조그만 암자를 지어 매일 아침과 저녁마다 향차를 바치게 하다가 다시 1년간의 공사를 거쳐 능 동쪽에 흥천사(興天寺)를 지었습니다.

태조는 흥천사가 완공되자마자 그때부터 능과 절을 둘러보는 게 일상사가 되었습니다. 능과 절을 다 돌아본 뒤 신덕왕후의 소생들과 함께 저녁시간을 보내고, 정릉에 재를 올리는 절의 종소리가 울려야지만 비로소 침소에 들었습니다. 뿐만 아니라 수라 때에도 신덕왕후의 명복을 비는 불경 소리를 들은 후에야 비로소 수저를 들어 식사를 하는 등 먼저 떠난 왕후를 그리워했습니다.

신덕왕후 강씨가 죽고 나서 곧이어 그녀의 정적이었던 방원이 제1차 왕자의 난(1398)을 일으켜 신덕왕후의 소생 방번과 방석을 모두 제거했고, 사위도 살해당하여 딸인 경순공주는 여승이 되었습니다. 그리고 신덕왕후의 과욕에 대한 태종의 분노는 훗날 태종이 서얼 금고령과 적서 차별을 제도적으로 만들게 하는 원인이 되어 조선왕조 내내 이어져왔습니다.

제1차 왕자의 난 이후 왕위에 오른 정종 때에 개경으로 돌아갔던 왕실은 태조의 의중을 읽은 태종에 의해 한양 재천도가 이루어집니다.

태종이 즉위 후에 한양으로 재천도를 단행하고, 다시 정릉을 찾은 태조는 죽은 왕후에 대한 애틋한 마음으로 눈물을 흘렸습니다. 자신이 그토록 마음을 쏟았던 정릉이었지만 계모를 미워한 아들 태종이 정릉의 묘역을 축소하고 있던 현장도 목격하였겠지요.

● 태종 6년(1406) 5월 2일 2번째 기사
태상왕이 홍천사(興天社)에 가서 계성전에 친히 전(奠) 드리고, 중관에게 명하여 정릉(貞陵)에 전 드리게 하였다. 사리전에 들어가 분향하고 부처에게 배례하고서 산릉(山陵)을 돌아보면서 그칠 줄 모르고 눈물을 줄줄 흘렸다.

태종은 부왕 태조가 승하하자 곧바로 신덕왕후를 후궁으로 강등하고 태종 9년(1409) 정릉을 도성 밖 양주의 사을한(沙乙閑) 산기슭(현재의 서울 성북구 정릉동)으로 천장(遷葬)하라 명했습니다. "옛 제왕의 능묘가 모두 도성 밖에 있는데 지금 정릉이 성 안에 있는 것은 적당하지 못하고, 또 사신이 묵는 관사와 가까우니 도성 밖으로 옮기도록 하소서"라는 의정부의 주청을 가납하는 형식을 취했지만, 이는 계모 강씨의 능이 도성 안에 있는 것을 꺼린 태종의 의지였습니다.

태종은 구 정릉의 봉분을 완전히 깎아 무덤의 흔적을 남기지 말도록 명했으며, 정자각을 헐어버리게 했습니다. 그리고 태종은 다시 한 번 계모 강씨에게 철저한 응징을 하는데, 바로 천장을 하고 남겨져 있던 옛 정릉의 석물을 1410년 ✿광통교(廣通橋)가 홍수에 무너지자 다리를 복구하는 데 쓰게 했습니다. 능의 병풍석과 난간석은 홍수로 무너진 광통교 복구에 쓰였으며, 목재는 태평관(太平館: 중국 사신이 머무는 숙소) 건축에 사용되었습니다. 신덕왕후의 능 앞에 세워진 원찰 홍천사 역시 붕괴되어 재목으로 쓰였습니다. 왕후의 능묘를 꾸몄던 석물을 온갖 사람들이 발로 밟고 다니는 다리 석재로 쓰게 한 것입니다. 이러한 곡절은 기록으로 전해져오다가 2005년 서울시가 청계천을 복원하는 과정에서 병풍석이 발견되면서 그 사실이 밝혀졌습니다. 발견된 병풍석의 신장상 조각이 거꾸로 설치된 것은 태종의 고의적인 명령에 의한 것으로 볼 수 있습니다.

광통교 아래에 거꾸로 설치된 신덕왕후 정릉 석물

그동안 종묘의 제례에서도 신덕왕후에게 올리는 제례는 왕비로서가 아닌 후궁의 예로 올렸습니다. 사후 300년 가까이 지난 1669년(현종 10) 음력 8월 5일에야 지위가 왕비로 복위되고 신주를 종묘로 들여왔으며, 황폐하게 버려진 정릉은 왕릉으로서의 상설을 갖추게 되어 복구되었습니다. 신덕왕후가 왕비로 복귀되는 날에도 엄청난 비가 왔는데, 백성들은 그녀의 원혼이 감읍하여 흘리는 눈물이라고 말했습니다.

✿ 광통교 : 종로에서 숭례문으로 이어지는 도성 안의 중심 통로여서 도성에서 가장 많은 사람들이 왕래하던 다리다. 대광통교(大廣通橋), 북광통교(北廣通橋), 대광교(大廣橋), 광교(廣橋) 등으로도 불렸다. 태조 때에 흙으로 축조되었다가 폭우로 인하여 무너지자 태종 10년 8월에 돌로 다시 축조하였는데, 이때 옛 정릉의 석물을 사용했다. 당시 한양에서 정월 대보름에 다리밟기 놀이를 하던 곳으로는 광통교가 가장 붐볐다고 한다.

● 정동로터리

정동로터리 부근 석조전 서관이 보이는 돌담길

정동로터리에서 바라본 정동제일교회

덕수궁 서문 길목에서

덕수궁 서쪽 문 맞은편의 높은 돌담장에 철문을 달고 있는 집이 주한 미국대사관저입니다. 미국대사관저는 밖에서 보이는 위압적인 분위기보다는 훨씬 한국적인 취향을 잘 유지하고 있는 외교관저입니다.

호레이스 알렌

원래 미국대사관저 자리는 고종이 미국의 선교사이자 의사였던 호레이스 알렌(Horace Newton Allen, 1858~1932)에게 하사한 토지입니다. 알렌이 갑신정변(1884년) 때 부상당한 민영익을 고쳐준 것이 고종의 신임을 받는 계기가 되었습니다. 이후 알렌은 우리나라 최초의 서양식 근대 병원 광혜원(廣惠院: 이후 제중

100여 년 동안 한 자리를 지키고 있는 미국대사관저

1883년경 지어진 후 최근 복원을 마친 미국공사관 (미국 대사관저 소장)

원으로 개칭)을 세우는 사업을 주도하고 서양 의술을 가르쳤습니다. 그는 1884년부터 1905년까지 21년간 전의(典醫)로서 또한 미국 총영사로 이 땅에 머물렀습니다.

지금으로부터 약 130년 전, 1882년 한국과 미국 간의 조미수호통상조약은 한국이 서방 국가와 맺은 첫 번째 외교 관계였습니다. 조약 체결 2년 후 미국은 서울 중심부에 위치한 명성왕후의 친족 가문 중 하나였던 민씨 일가의 저택을 매입하여 전통적인 한국의 건축 양식을 거의 그대로 유지한 공사관저를 완성하기에 이르렀습니다. 알렌이 1908년 뉴욕에서 출간한 《조선견문기 Things Korean》에 의하면, 당시 공사관에서는 조선 가옥을 구입해 집안의 장식을 서구풍으로 바꾸고

덕수궁의 서문 평성문

잔디를 심기도 하였지만, 조선의 전통적 건물은 가능한 한 예술적 안목을 가진 방문객들을 위해 원형을 유지하려 애쓴 것을 알 수 있습니다. 알렌은 방문객들이 대들보와 서까래가 그대로 노출되어 있고 깨끗한 백지로 덮여 있는 천장의 미를 좋아했다고 쓰고 있습니다.

 이 전통적 미국공사관 건물은 1970년대까지 여러 번의 증축과 개축을 거치며 노후화가 심해졌고, 1974년 미국대사관은 새로운 대사관저의 신축을 필요로 했습니다. 이때 신축 착공할 때 한국 전통 건축 전문가팀이 공사에 참여했습니다. 그리고 1976년 당시 필립 하비브 대사의 비전에 걸맞은 현대적이면서도 옛 관저의 전통 양식과 기법을 계승한 건물을 세웠습니다. 그해 5월에 완공된 새 관저는 한국의 전통 예술과 기법, 그리고 미국의 현대 건축 기술 간의 결합으로 한미 양국 관계의 상징으로서 중요한 역할을 함과 동시에 양국 간의 특별한 파트너십을

복원된 돈덕전이 보이는 덕수궁 서문 골목

만든 계기가 되었다고 합니다. 그런 이유로 현재의 주한 미국대사관저
는 하비브 하우스(HABIB HOUSE)로 더 잘 알려져 있습니다. 이는 1970
년대 관저의 역사적 상징성을 유지하며 한미관계 발전에 힘썼던 '필립
하비브' 전 주한 미국대사의 공로를 기리기 위한 것이라고 합니다. 하
비브 하우스 마당에는 잘생긴 우리 해태 석상 두 마리가 미국대사관저
를 지키고 있습니다.

　미국대사관저 길 건너 덕수궁의 서문 평성문(平成門) 안쪽에는 마지
막 황제인 순종이 즉위식을 가진 돈덕전(惇德殿)이 있습니다. 고종 승하
후 덕수궁은 비어 있었고, 1922년 이후 일제의 의해 덕수궁 돌담길이
뚫리면서 돈덕전은 사라졌지요. 문화재청이 이 사라진 돈덕전의 복원
공사를 진행 중인데, 현재 외관이 거의 마무리되어 돌담길 너머로 화
려한 돈덕전의 모습이 보입니다.

선원전 터

　　지금 덕수초등학교와 전 경기여자중고등학교 일대에는 선원전(璿源殿) 외에 사성당(思成堂)·흥덕전(興德殿)·흥복전(興福殿)·의효전(懿孝殿)이 있었습니다. 영성문(永成門: 덕수궁의 북문) 대궐로도 불렸던 선원전 일대는 황실을 상징하는 신성한 영역이었으나, 고종 황제 1주기가 지난 1920년 선원전의 어진(御眞: 왕의 초상화)을 창덕궁으로 옮긴 후 그 부지가 매각되기 시작했습니다.

　　일제는 창덕궁의 신선원전이 아직 완공되기도 전에 어진을 창덕궁으로 옮기고 본격적으로 선원전 해체에 들어갔습니다. 1920년 선원전 주변이 조선은행, 식산은행, 경성일보사에 매각되고, 1921년에는 의효전도 해체되고, 해인사의 불교중앙포교소와 경성여자공립보통학교(현 덕수초등학교 터), 경성제일공립고등여학교(구 경기여자고등학교 터)가 차례로 건축되면서 선원전의 흔적은 완전히 사라졌습니다. 현재는 구 경기여자고등학교 터의 선원전을 복원하려는 계획이 수립되었습니다. 그러나 이러한 복원 계획이 수립되기까지는 역사학계와 시민단체들의 우리 문화재에 대한 관심과 이를 지켜내려는 노력이 컸습니다.

선원전 터

선원전이 훼철되고 난 후 그 자리에 들어선 신축 당시의 조선저축은행 중역 사택 전경

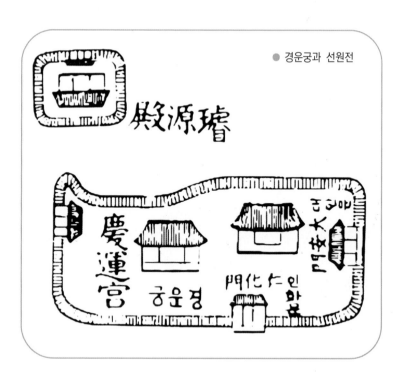

● 경운궁과 선원전

구 러시아공사관

　　구 러시아공사관은 한러수호조약이 체결된 1885년에 착공되어 1890년 준공되었습니다. 이 건물은 경복궁과 경운궁 등 서울 4대문 안을 내려다볼 수 있는 정동의 고지대에 입지했으며, 건물의 규모나 대지 면적에서 미국·영국·프랑스·독일 공사관보다 컸습니다. 러시아 공사관은 한국전쟁 때 소실되어 지금은 언덕에 종탑만 남아 있고, 공사관 부지 일대는 공원으로 만들어져 시민들이 쉴 수 있게 되었습니다.

　　19세기 말 고종은 일본을 견제하기 위하여 서양 세력을 이용하려

1890년에 준공된 러시아공사관 (국립고궁박물관 소장)

3층 하얀 탑만 남은 구 러시아공사관

러시아공사관과 그 주변의 모습 (1896년 미국 사진작가 윌리엄 헨리 잭슨 촬영)

하였는데, 이들 국가 중에 러시아를 특히 중시했습니다. 러시아공사관
은 경운궁과 미국·영국 등 서양 국가의 공관 등이 집중적으로 위치한
정동을 내려다볼 수 있는 언덕 위에 자리 잡고 있었습니다.

　을미사변으로 명성왕후가 일제에 의해 시해된 후, 이에 위협을 느낀
고종은 1896년 2월 왕세자와 함께 러시아공사관으로 피신하였습니
다. 지금의 경향신문사 사옥 뒤쪽 언덕에 위치한 러시아공사관은 이후
에도 러시아 남하정책의 전진기지가 되었습니다. 볼셰비키 혁명 뒤에
는 소련의 영사관으로 재차 개설되어 공산주의 선전본부가 되었으며,
광복 후에도 한동안 존속하다가 철수했는데, 한국전쟁 때 건물이 파괴
되고 말았습니다.

구 러시아공사관에서 덕수궁까지 이어지는 길이 2018년 개방되었습니다. 총 120미터의 길을 복원한 것인데, '고종의 길'이라고 부릅니다. 원래는 이 길은 미국대사관의 이면 도로로 개설되었던 곳인데, 미국과 토지 교환을 통해 소유권이 우리나라로 이전되었습니다. 1900년대 초의 자료를 바탕으로 석축과 담장을 쌓아 길을 조성하여 2018년에 개방되었습니다.

고종이 러시아공사관에서 1년 동안 머문 후 1897년 수리를 마친 경운궁으로 환어(還御)할 때 이 길을 이용했다고 추측하고 있습니다. 러시아공사관에 몸을 의탁하면서 힘없는 나라의 국왕이 겪었을 모욕과 아픔을 교훈 삼아 이 길을 걸어봅니다. 그리고 다시 힘을 추슬러 극복하려 했던 황제를 떠올려봅니다.

복원된 고종의 길

아관파천 직후 러시아공사관 앞에 서 있는 고종, 순종(왕세자), 베베르 공사 (문화재청 소장)

1898년경 러시아공사관 주변 풍경

● 고종의 길(2018년)과 덕수궁 돌담길 개방(2017년) 구간 (문화재청 소장)

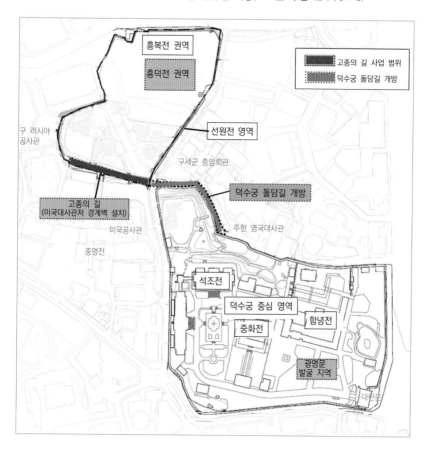

정동 시절 첫 벨기에영사관 터로 추정하는 케나다대사관과
그 앞에 위치한 오래된 회화나무입니다.

구 손탁호텔 터

1902년 독일 여성 손탁(Miss Sontag)이 정동에 세운 '손탁호텔'은 서울에 등장한 최초의 호텔이었습니다. 고종이 현재 이화여자고등학교 100주년 기념관 근처의 왕실 소유의 가옥과 토지 1,184평을 하사하고, 25개의 객실을 갖춘 2층짜리 호텔을 지어 손탁에게 운영을 맡겼기 때문에 손탁호텔이라고 부릅니다. '손탁양저' 또는 '손탁빈관,' '한성빈관'이라고도 불렀습니다.

주한 러시아공사 베베르의 처형인 손탁은 조선 왕실과 가까워졌고,

손탁호텔 터에 세워진 이화백주기념관과 솟을대문

1902년 독일 여성 손탁이 세운 손탁호텔 (국립고궁박물관 소장)

고종은 1895년 경운궁 건너편에 있는 땅을 손탁에게 하사했습니다. 손탁은 1902년 10월 옛집을 헐고 2층짜리 서양식 건물을 지어 2층은 객실, 1층은 객실과 식당으로 사용했습니다. 호텔의 1층에는 서울 최초의 커피숍이 있었는데, 서울에 사는 서양인들이 자주 찾는 곳이었습니다. 《톰 소여의 모험》의 작가 마크 트웨인도 이 호텔에 묵은 적이 있고, 이토 히로부미도 이 호텔에 투숙하여 조선의 대신들을 호텔로 초청하여 만났습니다. 러일전쟁 때는 후에 영국 총리가 된 윈스턴 처칠이 묵기도 했습니다. 1917년 이화학당이 이 건물을 사들여 강의실·기숙사 등으로 쓰다가 1922년 건물을 헐고 3층짜리 프라이 홀(Frey Hall)을 세웠습니다.

손탁은 여동생이 초대 조선 러시아공사로 서울에 온 베베르와 결혼한 인연으로 31세에 조선 땅을 밟았습니다. '온화한 풍모와 단려한 미모'에 영어·독일어·프랑스어·러시아를 구사했던 손탁은 서울에 온 지 얼마 되지 않아 베베르의 소개로 명성황후와 고종을 알현해 황실의

1923년 손탁호텔 터에 세워진 이화학당의 프라이홀 (서울역사박물관 소장)
1975년 화재로 소실된 후 현재는 이화백주년기념관 건물이 들어서 있다.

외국인 접대 담당자가 되었습니다. 손탁은 곧 고종의 두터운 신임을 얻었고, 이후 왕실과 접촉하려는 외국인들은 손탁에게 먼저 줄을 대야 했습니다. 을미사변 이후 독살을 두려워한 고종은 조선 음식 대신 손탁이 차린 서양 음식만 먹었다고 합니다.

1904년 러일전쟁에서 일본이 러시아를 이기고 조선에 대한 영향력을 높이자 손탁은 손탁호텔 운영권을 다른 이에게 넘기고 1909년 프랑스로 돌아갔습니다. 환갑을 바라보던 손탁은 조선에서 번 돈을 투자해 칸에 별장을 짓고 여생을 보낼 계획이었지만 어찌된 일인지 재산 대부분은 여동생인 베베르 부인의 명의로 러시아 은행을 통해 러시아 기업에 투자되었는데, 러시아 혁명이 일어난 뒤 손탁의 돈은 사라졌습니다. 손탁은 1925년 71세의 나이로 러시아에서 객사했습니다.

이화여고에서 가장 오래된 건물로 남아 있는 심슨기념관입니다.
현재는 이화박물관으로 사용하고 있습니다.

노란 은행잎으로 물드는 정동길의 가을

신아기념관

이 건물은 원래 1923년대에 지어진 미국 싱거(Singer)미싱사 사옥이었습니다. 싱거미싱은 전국에 재봉틀을 보급해 서양 복식 문화를 정착하는 데 크게 기여했습니다. 당시 건물은 지하 1층, 지상 2층 철근콘크리트 구조에 중국 상하이에서 가져온 붉은 벽돌로 외벽을 마감하였습니다. 일제강점기 말에 미국과 일본의 관계가 악화되자 싱거미싱사는 조선에서 추방되었고, 건물은 적산(籍産: 재산을 몰수하고 처벌하던 일)으로 분류되었습니다.

구한말에는 이곳이 외교관들의 친목 모임 장소가 되면서 외교가에서는 '졸리 하우스(Jolly House: 즐거운 집)'라고 불렸습니다. 해방 후 건물은 다시 싱거미싱사에서 사용하다가 1967년 신아일보사에 매각되어 신문사 건물로 사용하였고, 1975년에 3층과 4층을 증축하였습니다. 하지만 1980년 제5공화국이 들어서면서 언론기관 통폐합 조치가 내려졌고, 이때 신아일보사는 경향신문사에 강제 통합되었습니다. 현재는 지하층에 창업주 장기봉 사장과 신아일보사를 기억하기 위한 신아기념관으로 사용되고 있습니다.

신아기념관

정동길의 작은 카페 골목에는 근대 역사와 현재가 공존합니다.

현 정동극장 옆 작은 골목으로 들어가면 붉은 벽돌로 마감한 2층의 오래된 유럽풍 건물인 '중명전(重明殿)'이 있습니다. 고종 황제의 편전이자 귀빈 알현소로 사용되고 때로 연회장으로도 쓰였던 곳입니다. 1907년에 황태자인 순종과 태자비 윤비(尹妃)가 이곳에서 가례를 올리고 양복당(養福堂)에서 살았습니다. 그러나 일제강점기에 덕수궁 궁역이 축소되면서 궁 밖에 위치하게 된 것이지요. 후에 외국인들의 사교 모임인 경성구락부의 사교장으로 쓰이다가 건물이 개인 소유가 되었습니다. 이때 사무실 등으로 이용되면서 심하게 훼손되었는데,

중명전

아펜젤러 앨범에 전해지는 초기의 수옥헌 전경
(배재학당역사박물관 소장)

2010년 복원 공사를 마쳤습니다.

현재 덕수궁 밖에 있는 중명전은 원래 수옥헌(漱玉軒)의 중심 건물로, 1900년경 경운궁 안에 최초로 지은 양관으로 대한제국의 황실 도서관 용도로 건립하였습니다. 수옥헌 경내에는 중명전의 북쪽으로 만희당(晩喜堂)·흠문각, 서쪽에 양복당·경효전(景孝殿) 등이 있었습니다.

그러나 1904년 경운궁 대화재 이후 고종 황제가 중명전으로 거처를 옮기고 편전으로 사용하면서 대한제국 근대사의 주요 무대가 되었습니다. 이곳에서 바로 을사늑약(1905년)이 체결되었고, 고종은 을사늑약이 무효임을 세계만방에 알리기 위해 중명전에서 이준·이상설 등 헤이그 특사를 친견하고 친서를 전한 곳으로 유명합니다.

헤이그 특사 (이준·이상설·이위종)

1905년 조약의 체결은 한국 내에서의 반발을 불러일으켰고, 거국적인 항일운동이 전개되었으나, 일제는 이를 억압하였습니다. 1905년 12월 1일 윤치호는 한성부 저잣거리에서 조약의 무효를 주장하였고, 그 날 을사조약에 서명한 대신들을 처벌할 것을 상소하였습니다.

  강원도 삼척군과 울진군에서 을사조약 무효 선언과 동시에 의병이 일어나 쇠퇴해 가던 의병 활동에 불을 지피는 계기를 마련했습니다. 이와 같은 반대 운동에 힘을 얻은 고종은 을사조약의 무효를 선언합니다. 이후 고종은 제2차 한일협약 체결의 부당함을 국제 사회에 알리려고 노력하였으나, 당시 국제 정세의 논리에 따라 황제의 밀서 등은 효과를 얻지 못하였습니다. 고종의 을사협약 무효선언서는 1906년 1월 29일에 작성된 국서, 1906년 6월 22일에 헐버트 특별위원에게 건넨 친서, 1906년 6월 22일에 프랑스 대통령에게 보낸 친서, 1907년 4월 20일 헤이그 특사 이상설에게 준 황제의 위임장 등이 있습니다. 당시 고종이 일본과 강제 체결한 불평등조약인 을사조약의 무효를 세계에 알리기 위해 얼마나 노력했는지 알 수 있습니다. 고종의 무효선언 발표는 훗날 한국에서 을사조약의 무효, 불법성을 주장하는 하나의 근거가 되었습니다.

  조약의 체결 당시부터 국제법학계의 일부 학자들은 을사조약이 무효라는 의견을 제시하였습니다. 특히 프랑스 국제법학자 레이는 제2차 한일협약 체결 당시 강박이 사용된 점과 고종이 그 조약이 불법이고 무효인 점을 밝히기 위해 즉각 항의 외교를 벌인 점을 들어 '1905년 조약이 무효'라고 주장했습니다. 훗날 고종의 무효선언서의 존재를 확인한 대한민국 정부는 일본에 수교하는 조건으로 을사조약 무효와 파

대원수복을 입은 태황제 고종

기를 요구합니다. 대한민국과 일본은 1965년 한일기본조약에서 을사조약(제2차 한일협약)을 포함하여 대한제국과 대일본제국 간에 체결된 모든 조약과 협정이 이미 무효임을 한 번 더 확인하였습니다.

이처럼 일본은 1904년에서 1905년까지 러일전쟁을 통해 러시아는 물론 한반도에서 열강의 세력을 모두 몰아내고, 전쟁 기간 중에 대한제국의 수도 한성을 침탈하는 등 한국 정부를 압박하여 을사조약 등 각종 조약을 강요함으로써 그 영향력을 극대화했습니다. 고종은 이를 척결하기 위하여 1907년 이준·이상설·이위종 등 특사를 네덜란드의 헤이그에서 열리는 만국평화회의에 파견했습니다. 이준이 고종의 신임장을 들고 만주의 이상설, 러시아의 이위종과 차례로 합류하여 헤이그로 향했습니다. 그러나 을사조약 체결이 일본의 강제에 의한 것이었음을 폭로하고자 했던 계획은 영일동맹으로 일본과 외교관계를 맺고 있던 영국의 방해로 뜻대로 진행되지 못했습니다. 이준은 헤이그의 숙소에서 객사했는데, 만국평화회의 불참으로 인한 울분을 못 이겨 앓다가 사망한 것입니다. 헤이그에 특사를 파견한 것이 발단이 되어 고종은 일제의 압력으로 황태자(후에 순종)에게 양위하고 태황제가 되었습니다. 태황제가 된 고종은 경운궁에 머물게 되고, 순종은 창덕궁으로 어가를 옮기게 됩니다. 그리고 경운궁은 '태황제께서 오래 사시기를 기원한다'는 '덕수(德壽)'로 명칭을 바꾸었습니다.

❖ 을사늑약

1905년 11월 17일 대한제국 정부의 외부대신 박제순과 일본 제국 정부의 주한공사 하야시 곤스케에 의해 불평등 조약인 을사늑약(乙巳勒約)이 체결되었다. 1905년 11월 15일 일제는 고종 황제에게 한일협약안을 제시하면서 조약 체결을 강압적으로 요구했으나, 고종은 이토 히로부미의 집요한 강요에도 불구하고 조약 승인을 거부하였다. 회유와 강압 끝에 다수의 지지를 얻게 된 이토 히로부미와 하야시 곤스케(林權助)는 마침내 11월 17일 경운궁 중명전에서 어전회의를 열도록 했으나 회의는 침통한 공기만 감돌았을 뿐 아무런 결론을 내릴 수가 없었다. 참정대신 한규설, 탁지부대신 민영기, 법부대신 이하영만이 무조건 불가(不可)를 썼고, 학부대신 이완용, 군부대신 이근택, 내부대신 이지용, 외부대신 박제순, 농상공부대신 권중현은 책임을 황제에게 전가하면서 찬의를 표시하였다. 이때 협약안에 찬성한 다섯 명을 '을사오적(乙巳五敵)'이라고 한다.

이토 히로부미는 각료 8대신 가운데 5대신이 찬성하였으니 조약 안건은 가결되었다고 선언하고, 궁내부 대신 이재극을 통해 그날 밤 황제의 칙재(勅裁)를 강요하였다. 그리고 같은 날짜로 외부대신 박제순과 일본공사 하야시 곤스케 간에 이른바 이 협약의 정식 명칭인 '한일협상조약'이 체결되었다.

조약은 전문과 5개 조항, 결문, 외부대신 박제순과 일본특명전권공사 하야시의 서명으로 되어 있다. 전문에는 '일본 정부와 한국 정부는 두 제국을 결합하는 공동의 이익을 공고히 하기 위해 한국이 실제로 부강해졌다고 인정할 수 있을 때까지 이 목적을 위해 아래에 열거한 조목들을 약속해 정한다'라는 형식상의 명목과 조건이 붙어 있다.

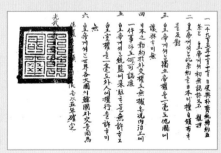

1906년 1월 29일 고종이 친히 작성한 을사늑약 무효 선언서. 이 내용은 1906년 12월 1일자 영국 〈트리뷴〉지에 보도되었는데, 을사늑약의 불법성을 서양에 처음으로 알리는 계기가 되었다.

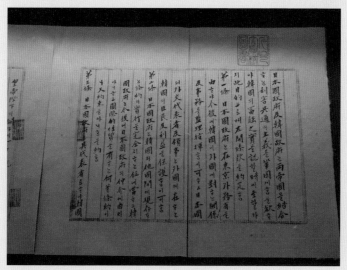

중명전에 보관되어 있는 을사늑약 문서

1. 일본국 정부는 도쿄에 있는 외무성을 경유하여 한국의 외국에 대한 관계 및 사무를 감독 지휘하며, 일본국의 외교 대표자 및 영사가 외국에 재류하는 한국인과 그 이익을 보호한다.

2. 일본국 정부는 한국과 타국 사이에 현존하는 조약의 실행을 완수하고, 한국정부는 일본국 정부의 중개를 거치지 않고 국제적 성질을 가진 조약을 절대로 맺을 수 없다.

3. 일본국 정부는 한국 황제의 궐하에 1명의 통감을 두어 외교에 관한 사항을 관리하고 한국 황제를 친히 만날 권리를 갖고, 일본국 정부는 한국의 각 개항장과 필요한 지역에 이사관(理事官)을 둘 권리를 갖고, 이사관은 통감의 지휘 하에 종래 재 한국 일본영사에게 속하던 일체의 직권을 집행하고 협약의 실행에 필요한 일체의 사무를 맡는다.

4. 일본국과 한국 사이의 조약 및 약속은 본 협약에 저촉되지 않는 한 그 효력이 계속된다.

5. 일본국 정부는 한국 황실의 안녕과 존엄의 유지를 보증한다는 것을 주요 내용으로 한다.

이화여자고등학교 돌담길을 걸어 내려오면, 정동극장 맞은
편 이화여고와 배재공원 사이로 붉은 벽돌로 지어진 고딕 양식의 고풍
스런 예배당 건물 한 채가 보입니다. 굳이 개신교 신자가 아니더라도
정동제일교회는 그 건축적인 아름다움으로 한 번쯤은 내부 공간까지
들어가 볼 것을 권합니다. 화단 앞 교회 마당에는 설립자 아펜젤러(H.
G. Appenzeller, 1858~1902) 흉상과 한국인 최초의 담임목사 최병헌(崔炳
憲)의 흉상이 찾는 이들을 맞이하고 있습니다.

정동제일교회

1897년 세워진 개신교 예배당, 정동제일교회 (서울역사박물관 소장)

　정동제일교회는 북미 계통의 담백한 건물로 지금까지 남아 있는 유
일한 서구식 개신교 예배당입니다. 1885년 아펜젤러가 자신의 사택에
서 예배를 드리기 시작하면서 시작된 한국 최초의 감리회 정동제일교
회는 근검절약과 실용성을 강조하는 청교도(프로테스탄티즘)적 문화를 잘
표현하고 있습니다.

　의료선교사로 조선에 온 윌리엄 스크랜튼(William Benton Scranton,
1856~1922)이 먼저 서울 정동에 보금자리를 마련하였고, 아펜젤러 부
부도 스크랜튼 의사의 집 앞에 자리를 잡고 선교활동에 들어갔습니다.
옛 배재학당 운동장 북서편, 현재의 러시아대사관 자리입니다. 한국의
선교 역사는 미국인 개신교 선교사 헨리 아펜젤러가 1885년 10월 11
일에 정동에 있는 자신의 사택에서 한국인 감리회 신자들과 함께 예배

를 한 것을 정동제일교회의 시초로 삼고 있습니다. 처음에는 '하나님의 집'이란 뜻의 '벧엘예배당'이라고 이름 지었습니다. 지금의 정동제일교회는 1897년에 건축되었고, 한국 최초의 파이프 오르간도 1918년에 이 교회에 봉헌되었으며, 정동성가대는 한국의 개신교 음악 문화를 선도했습니다. 정동제일교회는 1898년 완공된 명동성당과 함께 당시 서울 장안의 명소로 이름을 날렸습니다.

정동제일교회의 초대 담임목사는 아펜젤러 선교사가 맡았고, 1902년에 제4대 담임목사로 최병헌 목사가 부임하면서 한국인이 담임을 맡게 되었습니다. 1919년에는 담임목사 이필주와 전도사 박동완이 민족대표 33인으로 참여하면서 3·1 운동에 적극적으로 동참했는데, 이화학당 학생 유관순도 정동제일교회 신자였습니다. 대한민국 초대 대통령 이승만이 정동제일교회의 장로였고, 서재필은 정동제일교회 청년회를 중심으로 협성회를 조직하여 독립협회의 전위대를 만들 때 노병선·신흥우 등과 함께 주도하였습니다.

또한 이 정동제일교회 일대에서 스크랜튼은 시병원을 열었는데, 조선의 여성들이 남성 의사가 진료하는 것을 불편해하자 이화학당 설립자인 메리 스크랜튼이 감리회 선교본부에 여의사의 파견을 요청하여 1887년에 한국 최초의 어린이와 부녀자 전용 병원을 설립했습니다. 바로 정동부인병원인 보구여관입니다.

윌리엄 스크랜튼의 '시병원' 한쪽에서 진료를 보았던 여성 전용 병원 '보구여관'

● 정동제일교회 둘러보기

측면에서 바라본 고딕풍의 탑

붉은 벽돌로 장식한 창문

예배당 입구

정동에는 초기 개신교 학교인 배재학당과
이화학당이 설립되어 개화기 신교육의 발상지가 되기
도 했습니다. 정동제일교회에서 서소문 방면으로 올라
가면 현재의 러시아대사관 건물을 지나 '신교육의 발
상지'라는 표지석이 보입니다. 현재 배재학당역사박물
관으로 사용하고 있는 구 배재학당 동관 건물입니다.

1885년 조선에 들어온 미국인 북감리회 선교사 아펜젤러는 서양
의학을 습득하기 위해 영어를 배우고자 찾아온 두 명의 학생을 받아들
이면서 수업을 시작했는데, 이것이 배재학당의 출발이었습니다. '배재'

구 배재학당 동관은 현재 배재학당역사박물관으로 사용하고 있다.

는 곧 '배양영재(培養英材)'라는 뜻으로, 1886년 고종으로부터 '배재학당(培材學堂)'이라는 교명을 하사받았습니다. 서구와의 문호 개방으로 필요한 영재를 배양하고자 한 고종의 의지였습니다.

배재학당은 우리나라 최초의 서구식 교육이 시작된 곳으로, 영어·한문·언문을 기본으로 하고 수학·과학·세계지리·체육·음악·미술 등을 가르쳤습니다. 일제강점기에는 이승만 초대 대통령·주시경 한글학자·서재필 박사·시인 김소월·소설가 나도향 등 수많은 인재를 배출했습니다.

아펜젤러 동상

서울시립미술관

배재학당역사박물관 건너편으로 발걸음을 돌려 서울시립미술관으로 향합니다. 정동로터리에서 정동제일교회를 등지고 약간 경사진 언덕으로 걸어 올라가는 방법도 있습니다. 2002년부터 서울시립미술관으로 사용하고 있는 이곳에는 천경자 화백의 그림이 상설 전시되는 등 정동이 문화예술 공간으로 이름 하는 데 큰 구실을 하는 전시 공간입니다.

현재 서울시립미술관 서소문 본관 자리는 1995년 서초동으로 청사를 이전하기까지 대법원이 있던 곳입니다. 이곳이 바로 1899년 우리

육영공원 터 育英公院	독일영사관 터 獨逸領事館	독립신문사 터 獨立新聞社
육영공원은 정부에서 세운 근대식 교육기관으로, 서양 학문을 가르쳤다. 1886년 9월 설립 당시부터 1891년 박동현 수송동으로 옮겨가기 전까지 이곳에 있었다.	독일영사관은 1884년 박동에 개설되었으며 1891년 이곳에 있던 육영공원과 자리를 맞바꾸면서 정동 시대를 열었다. 1902년 다시 상동(현 남창동)으로 이전하기 전까지 이곳에 있었다.	독립신문은 우리나라 최초의 민간 신문으로 한글판과 영어판 두 가지로 발간하였다. 1896년 4월 7일 창간할 때부터 1899년 12월 4일 폐간될 때까지 사옥이 이곳 독일영사관 터 안에 있었다.

현 서울시립미술관 가는 언덕길에 세워진 표지석

대법원 청사로 사용되었던 서울시립미술관

나라의 근대식 재판소인 평리원(平理院: 한성재판소)이 있던 자리이고, 1928년에는 그 건물을 헐고 그 자리에 새로이 경성재판소가 들어섰고, 광복 후에는 이 건물을 증축하여 대법원으로 사용했습니다. 지금의 건물은 대법원 건물의 정면만 보존해 신축한 건물입니다. 내부는 리모델링되어 대부분 바뀌었으나, 아치형 현관은 잘 보존되어 대법원 청사였다는 상징성을 잘 남겨놓고 있습니다.

서울시립미술관 자리에는 대법원 청사로 사용되기 이전에는 조선 정부에서 세운 근대식 교육학교 육영공원이 있었고, 그 이전에는 독일영사관이 자리했었습니다. 또한 독립신문사가 1896년에 창간하여 1899년에 폐간하기까지 독일영사관 안에 있었습니다.

대한성공회 서울주교좌성당

서울특별시의회 건물 옆 골목길로 들어가면 대한성공회 서울주교좌성당을 만나게 됩니다. 조선 후기에 진고개에 있던 세조의 사저 명례궁(明禮宮)을 옮겨 지었던 터이기도 합니다.

영국 ✿성공회의 선교로 지어진 대한성공회 서울주교좌성당은 동양 최초의 로마네스크 양식의 건물이면서도 처마 장식이나 기와 지붕에 한국의 건축 양식이 많이 포함되어 있습니다. 특히 유럽식 붉은 기와를 얹은 지붕이 건물의 흰 벽체와 어울려 아주 아름답고, 창문의 소박한 스테인드글라스도 정감을 주는 요소입니다.

1922년에 성당 공사를 시작하였지만 자금 문제 등 여러 가지 사정으로 1926년에 부분 완성이 되었습니다. 미완성인 상태로 사용하다가 1994년 교회 창립 100주년 기념으로 증축 공사를 시작하여 성당을 완성한 것은 70여 년이 지난 1996년 5월이었습니다.

1978년 12월에 서울특별시 유형문화재 제35호로 지정이 되었습니다. 1987년 6월 10일에는 전두환 군사독재정권에 대항한 민주화운동인 6월 항쟁이 시작된 역사적인 장소이기도 합니다. 1999년에는 성공회의 상징적 수장인 엘리자베스 영국 여

유월민주항쟁 진원지 표지석

서울도시건축전시관 옥상 전망대에서 바라본 대한성공회 서울주교좌성당

왕이 이곳을 방문했습니다. 그리고 성당 주변에는 주한 영국대사관, 대한성공회 성가수녀원, 조선일보미술관, 서울특별시의회 등이 있습니다. 가을의 끝자락에 대한성공회 성당 영역을 탐방하면 마음이 정결해집니다. 건축학적인 미학과 주변의 아름다운 풍광이 편안한 느낌을 주기 때문입니다.

✿ 성공회 : 성공회는 영국에서 시작하여 6세기에 로마 교회와 병합되어 발전을 거듭해 왔다. 우리나라의 선교는 영국 해군 군종 신부였던 찰스 존 코르프(고요한)로부터 시작한다. 그는 영국 웨스트민스터 대성당에서 켄터베리 대주교로부터 주교 서품을 받은 후, 통역자들을 모집하여 영국을 출발했다. 고요한 주교가 1890년 9월 29일 인천항에 도착하여 서울과 경기도, 충청도 지방에 전도하기 시작한 것이 한국 성공회의 역사이다.

● 대한성공회 서울주교좌성당 둘러보기

붉은 기와 지붕

스테인드글라스 아치형 창문

대한성공회 서울주교좌성당 출입문 위 벽돌 치장

경운궁 양이재

　　대한성공회 서울주교좌 성당을 둘러보고 나면 그 옆에 단정하게 있는 양이재(養怡齋)가 눈에 들어옵니다. 원래 양이재는 대한제국 광무 9년(1905) 경운궁 안에 세워진 건물로, 초기에는 함희당(咸喜堂)이란 건물과 연결되어 있었습니다. 함희당은 1960년에 헐렸으나, 양이재 뒤편에 그 복도가 일부 남아 있습니다.

양이재 (등록문화재 제267호)

　　양이재는 일제강점기 직전까지 황실 귀족의 자제 교육을 전담하던 수학원으로 쓰였는데, 일제강점기인 1912년 대한성공회가 이를 임대하여 쓰다가 1920년에 매입한 후 건물을 현재의 위치로 옮겼습니다. 한때 대한성공회 서울교구 사무실로 사용되었으나, 2006년 9월 19일 등록문화재로 지정되면서 복원하였습니다. 유럽 로마네스크 양식의 대한성공회 성당과 양이재의 전통 한옥이 갖는 기품 있는 어울림이 그렇게 낯설어 보이지 않습니다. 그리고 대한성공회 성당과 양이재 바로 옆에는 주한 영국대사관이 있습니다. 덕수궁과 담장을 이웃하고 있는 영국대사관 왼편으로 2017년 새로운 덕수궁 돌담길이 개방되었습니다.

● 경운궁 양이재 주변 둘러보기

영국 대사관 정문

양이재 옆 대한성공회 사제관

● 개방된 덕수궁 돌담길

덕수궁 안쪽 산책길에서 만나는 회화나무와 담장 밖 주한 영국대사관

영국대사관 후문

덕수궁 외곽길이 58년 만인 2017년에 시민들에게 개방되었다.

부록_ 덕수궁 십경

오늘 당신의 여행은 어떤 그림으로 기억에 남을까요? 덕수궁은 여러 표정으로 당신께 기억되겠지요. 덕수궁 십경의 아름다움을 당신의 마음속 화첩에 그려보십시오.

궁궐 전각 십경

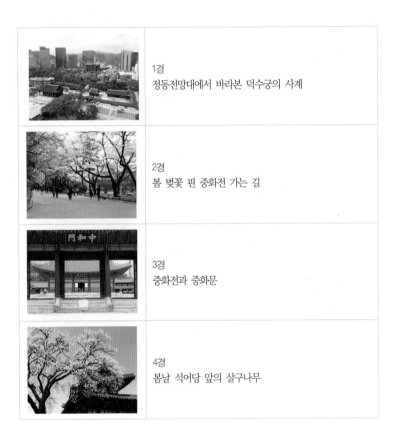

	1경 정동전망대에서 바라본 덕수궁의 사계
	2경 봄 벚꽃 핀 중화전 가는 길
	3경 중화전과 중화문
	4경 봄날 석어당 앞의 살구나무

5경
석어당과 괴석

6경
모란이 핀 날 정관헌에서 마시는 커피

7경
유현문 골목의 꽃담

8경
등나무 쉼터에서 바라본 석조전과 정원

9경
후원 숲길

10경
카페에서 바라본 연지의 영산홍

정동길 십경

	**1경** 덕수궁 돌담길 걷기
	2경 대한문 앞의 수문장 교대식
	3경 덕수궁의 서문 돌담길 걷기
	4경 서울시립미술관 앞 공원에서 쉬어가기
	**5경** 목련으로 단장한 정동제일교회 벽면

6경
정동공원에서 바라본 구 러시아 공사관 종탑

7경
이화여고 100주년 기념관의 정문과 돌담

8경
정동길 카페에서 마시는 차 한잔

9경
대한성공회 주교좌성당 건축

10경
환구단 터의 황궁우

1대 태조 : 신의왕후 한씨

방우
2대 정종
방의
방간
3대 태종 : 원경왕후 민씨
방연

양녕대군
효령대군
4대 세종 : 소헌왕후 심씨
성녕대군

5대 문종 : 현덕왕후 권씨 ——— **6대 단종**

7대 세조 : 정희왕후 윤씨
안평대군
임영대군
광평대군
금성대군
평원대군
영응대군

의경세자(덕종) : 소혜왕후 한씨
8대 예종

9대 성종 : 폐비 윤씨 ——— **10대 연산군**
　　　　 : 정현왕후 윤씨 ┑

11대 중종 : 장경왕후 윤씨 —— **12대 인종**
　　　　 : 문정왕후 윤씨 —— **13대 명종**
　　　　 : 경빈 박씨 ——— 복성군
　　　　 : 희빈 홍씨 ⟨ 금원군
　　　　　　　　　　　　 봉성군
　　　　 : 창빈 안씨 ⟨ 영양군
　　　　　　　　　　　　 덕흥대원군
　　　　　　　　　　　　　 │
　　　　　　　　　　　　 14대 선조

14대 **선조** : 의인왕후 박씨
     : 인목왕후 김씨 ── 영창대군
     : 공빈 김씨 ── 임해군
              15대 광해군
     : 인빈 김씨 ── 의안군
                신성군
                정원군 ── **16대 인조** : 인열왕후 한씨
                의창군
                           소현세자
                           17대 효종 : 인선왕후 장씨
                           인평대군
                           용성대군 │ **18대 현종** : 명성왕후 김씨
                                     19대 숙종 : 인경왕후 김씨
                                         : 인현왕후 민씨
                                         : 인원왕후 김씨
                                         : 희빈 장씨 ── **20대 경종**
                                         : 숙빈 최씨 ── **21대 영조**

21대 **영조** : 정성왕후 서씨
     : 정순왕후 김씨
     : 정빈 이씨 ── 효장세자(진종)
     : 영빈 이씨 ── 사도세자 : 혜빈 홍씨 ── **22대 정조** : 효의왕후 김씨
                                         : 의빈 성씨 ── 문효세자
                                         : 수빈 박씨 ── **23대 순조** : 순원왕후 김씨
                                                      효명세자(익종) : 신정왕후 조씨
             : 숙빈 임씨 ── 은언군 ── 전계대원군 ── **25대 철종**   │ **24대 헌종**
                           은신군 ── 남연군 ── 흥선대원군 : 여흥부대부인 민씨
             : 경빈 박씨 ── 은전군   │ **26대 고종**

26대 **고종** : 명성황후 민씨 ── **27대 순종** : 순명효황후 민씨
                                               : 순정효황후 윤씨
             : 귀인 엄씨 ──────── 영친왕
             : 귀인 이씨 ──────── 완친왕
             : 귀인 장씨 ──────── 의친왕
             : 귀인 정씨 ──────── 우
             : 귀인 양씨 ──────── 덕혜옹주

부록_ 덕수궁 연표

연도	재위	내용
1397년	태조 6년	태조의 계비 신덕왕후를 정릉에 장례 지냄.
1593년	선조 26년	선조가 벽제역을 출발하여 정릉동 행궁에 들어감. 행궁에 홍문관 설치.
1600년	선조 33년	선조비 의인왕후 박씨가 행궁에서 사망.
1602년	선조 36년	선조의 계비 인목왕후 김씨가 행궁에서 백관의 하례를 받음.
1608년	선조 38년	선조가 행궁의 정전에서 승하.
1608년	광해 즉위년	광해군이 행궁 서청에서 즉위.
1611년	광해 3년	광해군이 창덕궁으로 이어하고 정릉동 행궁을 경운궁으로 명명.
1615년	광해 7년	광해군이 창덕궁으로 이어.
1617년	광해 9년	경운궁의 훼손된 건물을 수리.
1618년	광해 10년	인목대비를 경운궁에 유폐시킴. 이후 경운궁을 '서궁'으로 부름.
1623년	인조 즉위년	인조가 경운궁 즉조당에서 즉위. 석어당과 즉조당을 제외한 경운궁 내 가옥들을 원주인에게 돌려주게 함.
1883년	고종 20년	미국 공사관 개설.
1884년	고종 21년	영국 공사관 입주.
1885년	고종 22년	러시아 공사관 건립.
1889년	고종 26년	독일 공사관 개설.
1891년	고종 28년	영국 공사관 건립.
1893년	고종 30년	선조 환도 300주년을 기념하여 경운궁 즉조당에 참배하고

		대사령 반포.
1895년	고종 32년	명성왕후가 경복궁 건청궁에서 일인들에게 시해됨.
1896년	고종 33년	고종이 왕세자와 함께 러시아 공사관으로 옮김. 명성왕후 빈전과 선원전을 경복궁에서 경운궁으로 옮김. 경운궁 수리. 정동 지역 도로 수선 착수.
1897년	고종 34년	고종이 러시아 공사관에서 경운궁으로 돌아옴. 건양에서 광무로 연호 개정을 알리는 원구제를 지냄. 환구단 건립. 고종 환구단에서 하늘에 제사 지내고 황제로 즉위. 명성왕후를 황후로 추존. 대한제국 선포. 각국 공사관으로 통하는 소로 설치.
1899년	고종 36년	경운궁 동쪽에 대안문 건립. 황실 도서관 건립. 황궁우 완공.
1900년	광무 4년	석조전 건설 공사 시작. 중화전 건설을 위한 영건도감 설치. 경운궁 담장 공사.
1902년	광무 6년	홍교(경운궁-경희궁) 개설. 환구단 옆 석고 건립.
1904년	광무 8년	경운궁 대화재 발생. 중화전, 즉조당, 석어당 등 주요 전각 소실.
1905년	광무 9년	중명전에서 을사늑약 체결.
1906년	광무 10년	경운궁 중건. 대안문 이름을 대한문으로 바꾸고 정문으로 변경. 의효전 자리에 정동공립보통학교 개교. 영국인 데이비슨을 석조전 건축 감독으로 임명.
1907년		순종황제 즉위. 경운궁을 덕수궁으로 개칭.
1908년		홍교(경운궁-경희궁) 철거.
1910년		석조전 준공. 한일병합이 강제 조인됨. 한성부가 경성부로 변경.
1912년		덕수궁 부지 1,621평과 전 경선궁 택지 331평이 도로에 편입.
1914년		조선경성철도호텔 개관. 경성일보사 신축.
1919년		고종 태황제가 함녕전에서 68세로 승하.

		영선문 안쪽 부지 일본인에게 매각. 흥덕전을 창덕궁으로 이전.
1920년		정동 지역을 관통하는 도로 개수. 선원전, 의효전을 창경궁으로 이전. 덕수궁 선원전 어진을 창덕궁 선원전으로 옮기고 선원전 일대 철거 시작.
1922년		경성제일공립고등여학교 교사 건립. 성공회 성당 건립.
1923년		불교 제중원을 선원전 터에 건립.
1925년		중명전 화재 후 재건.
1926년		경성부청 낙성. 순종 창덕궁 대조전에서 승하.
1927년		양이재, 정동 3번지로 이축. 석고각 남산의 동본원사로 이전.
1932년		중앙공원 건설계획에 따라 덕수궁 전각 해체 시작.
1933년		덕수궁 대부분의 전각 훼철, 방매 처분. 덕수궁 일반 공개 개원식.
1938년		석조전 별관 준공.
1946년		석조전에서 제1차 미소공동위원회 개최.
1948년		미국 대사관저 주변 덕수궁지 미국 대사관저 편입.
1949년		환구단 터에 조선호텔(구 철도호텔) 개관식.
1961년		태평로 확장 및 철책 대치 공사. 덕수궁 담장 6미터 후퇴.
1962년		덕수궁 일원 사적 제125호 지정.
1967년		환구단 정문이었던 광선문 매각 이전.
1968년		시청 쪽 담장 16미터 후퇴, 대한문 고립. 조선호텔 앞 지하도 개통.
1970년		폐쇄 고립된 대한문 이설 공사. 대한문을 원 위치에서 22미터 후퇴시킨 현 위치로 옮김.

		웨스틴 조선호텔 개관.
1984년		미국 대사관저 맞은편 돌담 복원.
1986년		금천교 복원.
1994년		외곽 담장 보수.
2000년		환구단 시민광장 조성.
2004년		시청 앞 광장에서 서울광장으로 변경. 서울광장 개장. 덕수궁 복원정비 공사. 대한문 전면 보수공사(2004~2005).
2005년		세종로, 시청 앞 횡단보도 설치.
2007년		덕수궁 일원 사적 추가 지정. 중명전 사적 지정.
2009년		환구단 정문 이전 공사.

● 〈수선전도〉에서 본 정릉동 행궁과 남별궁 위치

참고문헌

단행본

《국립중앙박물관소장 유리건판, 궁궐》, 국립중앙박물관, 2007

《궁궐지1: 경복궁, 창덕궁》, 서울학연구소, 1994

《궁궐지2: 창경궁, 경희궁, 도성지》, 서울학연구소, 1994

《제2판 궁궐지》, 서울특별시사편찬위원회, 2000

《길상》, 국립중앙박물관, 2012

김동현, 《서울의 궁궐건축》, 시공사, 2002

김명길, 《낙선재 주변》, 중앙일보, 1977

김문식, 신병주, 《조선왕실 기록문화의 꽃, 의궤》, 돌베개, 2005

김순일, 《덕수궁》, 대원사, 1991

김정동, 《정동과 덕수궁》, 발언, 2004

김영모, 《알기 쉬운 전통조경시설사전》, 동녘, 2012

김영상, 《서울육백년》, 한국일보사, 1990

김왕직, 《알기 쉬운 한국건축용어사전》, 동녘, 2007

문화재청, 《궁궐의 현판과 주련Ⅲ 덕수궁》, 수류산방, 2007

문화재청, 《창덕궁사진첩》, 창덕궁관리소, 2006

문화재청, 《조선의 궁궐과 종묘》, 눌와, 2010

문화재청, 《수난의 문화재》, 눌와, 2009

문화재청, 《한국의 세계유산》, 눌와, 2007

박상진, 《궁궐의 우리나무》, 눌와, 2001

박영규, 《한권으로 읽는 조선왕조실록》, 들녘, 1996

박홍갑, 《하늘 위에는 사관이 있소이다》, 가람기획, 1999

《서울의 문화재》, 서울특별시사편찬위원회, 2003

《서울육백년사, 문화사적 편》, 서울특별시사편찬위원회, 1987

신명호, 《조선의 왕》, 가람기획, 1998

신명호, 《조선왕실의 의례와 생활: 궁중문화》, 돌베개, 2002

안창모, 《덕수궁》, 동녘, 2010

유본예, 권태익 역, 《한경지략》, 탐구당, 1975

윤장섭, 《한국건축사》, 동명사, 1981

이순우, 《그들은 정말 조선을 사랑했을까》, 하늘재, 2005

장헌덕, 《목조건축의 구성》, 한국문화재보호재단, 2006

정연식, 《일상으로 본 조선시대이야기》, 청년사, 2001

조정현, 《꽃담》, 대원사, 1990

지두환, 《선조대왕의 친인척》, 역사문화, 2002

《창덕궁육백년》, 문화재청 창덕궁관리소, 2005

한국학중앙연구원, 《왕과 국가의 회화》, 돌베개, 2013

허균, 《전통미술의 소재와 상징》, 교보문고, 2001

홍순민, 《우리궁궐이야기》, 청년사, 1999

보고서

《덕수궁 기본정비 기본계획》, 문화재청, 2005

인터넷

서울대학교 규장각 한국학연구원, http://e-kyujanggak.snu.ac.kr/

조선왕조실록, http://sillok.history.go.kr/

승정원일기, http://sjw.history.go.kr/

위키백과, http://ko.wikipedia.org/

한국 브리태니커 온라인, http:// preview.britannica.co.kr/

한국고전번역원(전 민족문화추진회), http://www.minchu.or.kr/itkc/Index.jsp